云南师范大学博士科研启动基金（社会科学类）（项目编号：2021SK007）

云南师范大学教育学一流学科建设成果

经济管理学术文库·管理类

# 澳大利亚土著高等教育参与研究

The Research on Aboriginal Higher Education
Engagement in Australia

许伊娜／著

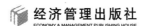

经济管理出版社

ECONOMY & MANAGEMENT PUBLISHING HOUSE

**图书在版编目（CIP）数据**

澳大利亚土著高等教育参与研究 ／ 许伊娜著. -- 北京：经济管理出版社，2023.12
ISBN 978-7-5096-9537-1

Ⅰ．①澳… Ⅱ．①许… Ⅲ．①高等教育—教育研究—澳大利亚 Ⅳ．①G649.611

中国国家版本馆 CIP 数据核字（2024）第 010201 号

组稿编辑：张巧梅
责任编辑：杨国强
责任印制：张莉琼
责任校对：王淑卿

出版发行：经济管理出版社
　　　　　（北京市海淀区北蜂窝 8 号中雅大厦 A 座 11 层　100038）
网　　址：www.E-mp.com.cn
电　　话：（010）51915602
印　　刷：唐山昊达印刷有限公司
经　　销：新华书店
开　　本：720mm×1000mm/16
印　　张：10.25
字　　数：155 千字
版　　次：2024 年 7 月第 1 版　2024 年 7 月第 1 次印刷
书　　号：ISBN 978-7-5096-9537-1
定　　价：88.00 元

# 前　言

　　澳大利亚土著高等教育参与主要受到来自政府、社会和大学的影响。长期的教育机会不平等造成土著居民生活窘困，要想改变生存现状，就要提高土著的人力资本存量，这一切都需要以提高土著居民的受教育水平为前提；此外，多元文化政策的确立将地位岌岌可危的土著文化保存下来，并在一定程度上促进了土著教育的发展，但文化的传承需要教育为其提供支撑。因此，无论是从族群冲突、教育公平、人力资本还是从多元文化的视角来看，促进土著的高等教育参与，都是实现土著民族发展的必然选择。

　　在澳大利亚的土著高等教育发展过程中，国家居于主导地位。在联邦政府种族主义政策的影响下，澳大利亚土著居民经历殖民初期的宗教教育、"保护时代"的隔离教育、"同化时代"的同化教育后，迎来了土著高等教育参与的发展时期。20世纪80年代初，在联邦政府的资助下，高等教育机构内设置了土著飞地（专为土著学生提供服务的机构）以实现培养1000名土著教师的目标，飞地计划的实施开启了土著高等教育的实质性发展；80年代末，高等教育学院与大学合并，飞地进入大学，并被改称为土著支持单位；90年代，土著支持单位开发了土著课程，并引入了土著研究中心，进入土著高等教育快速发展时期；21世纪以来，土著的高等教育参与水平得到了显著提高，在土著支持单位的努力下，土著大学生人数大幅增加，"全校参与"逐渐成为土著高等教育发展的趋势，大学对土著学生的管理进一步加强。

本书选取纽卡斯尔大学、麦考瑞大学、悉尼大学这三所大学作为澳大利亚大学高等教育参与典型案例的分析对象。纽卡斯尔大学由于在土著高等教育方面取得了瞩目的成就，在澳大利亚大学中处于标杆地位；麦考瑞大学的实践代表了新兴大学在土著高等教育参与问题上树立了奋起直追、努力完善、积极进取的形象；悉尼大学的实践在一定程度上代表了老牌大学在发展土著高等教育参与方面的做法，即借助悠久历史积累下的文化资源以及校方丰富的社会资源，虽然起步较晚但在短时间内依然可以取得较好成果。此外，这三所大学的战略、措施较为完备和全面，较好地体现了21世纪以来澳大利亚大学土著高等教育"全校参与"的发展模式。

通过对澳大利亚土著高等教育参与的实践进行分析发现，澳大利亚的土著高等教育参与具有如下特点：重视社区参与、重视土著教职员工的参与、设立专门的土著支持单位处理土著高等教育参与事宜、以追求平等和文化多样性为价值取向。土著高等教育参与的内容不仅包括为土著学生提供多样化的入学方案，还包括家庭参与、社区参与等形式，将土著知识纳入高等教育课程也是土著高等教育参与的重要形式之一。要提高土著居民的高等教育参与水平，首先，要为土著学生提供合适的教育项目和入学途径；其次，要确保学校、职业教育培训与高等教育之间的衔接过渡；再次，要充分利用远程教育和在线课程；最后，要重视社区参与在促进土著高等教育参与中的角色，通过尊重、重视土著知识和文化、给予土著社区适当的财政资助、重视与土著家庭及土著社区的联系等方式促进社区参与。

在提高土著学生高等教育参与程度方面，澳大利亚采取了补偿性措施力求缩小教育差距，重视土著教师的培养，注意保留和传承土著文化和知识，拓宽土著学生入学渠道并在入学后给予学生持续的关注和支持，将土著高等教育与学生的家庭、生活背景相联系，开展文化能力建设，建立土著教育政策组织以听取、采纳土著居民对高等教育的意见和想法，有效提高了土著学生参与高等教育的积极性。

# 目　录

# 绪　论

## 第一节　研究背景及意义

### 一、问题的提出

1967 年的澳大利亚全民公决虽然赋予了土著居民公民权，但他们的各项基本权利依然没有得到保障。1974 年，土著咨询小组（Aboriginal Consultative Grou）成立，土著居民的教育事业迈出了第一步。1977 年，全国土著教育委员会（National Aboriginal Education Committee）成立，土著高等教育被列为该组织工作的重要内容。20 世纪 80 年代前后，受道金森改革的影响，澳大利亚逐步进入了高等教育大众化阶段，随着土著飞地①的成立，土著高等教育在这一时期有了初步发展。大众化所带来的客观结果是大学中土著学生的数量逐渐增多，但土著学生的高等教育参与程度仍然远远低于非土著学生，表现为高等教育入学率

---

① 土著飞地是指在高等教育机构中设立的一个专为土著学生接受高等教育提供服务的机构。

低、保留率低、毕业率低。在联邦政府政策的引导和支持下，澳大利亚大学陆续成立了土著支持单位，为土著学生接受高等教育提供全方面的支持。根据史实可以发现，土著高等教育参与是在政治、社会和大学的多方影响下起步和发展的。

本书将土著高等教育参与作为研究对象，研究澳大利亚如何促进土著的高等教育参与，基于这一核心问题，探讨在种族主义废除后，联邦政府为什么要促进土著的高等教育参与？政府、社会和大学作为土著高等教育参与的主要影响因素，是如何影响土著高等教育参与过程的？土著高等教育参与呈现出什么样的特点？

## 二、选题的缘由

### （一）澳大利亚土著高等教育发展的自身问题

于高等教育而言，澳大利亚的高等教育始于 1832 年建立的澳大利亚学院，短短不到 200 年的时间，澳大利亚的高等教育水平俨然已处于世界前列，在 2020 年 QS 世界大学排名中，澳大利亚的 39 所公立大学中有 7 所进入了世界大学前 100，15 所大学位列世界大学前 300，澳大利亚得到世界各地留学生的青睐，成为热门的留学目的国。但澳大利亚土著的高等教育直到 20 世纪 80 年代才开始获得真正发展。在联邦政府政策的支持下，以及土著学者、土著管理人员等各界人士的努力下，土著的高等教育参与水平在这 40 年间得到提高。然而土著学生的高等教育旅程却并不轻松，他们的入学率和毕业率远远低于白人学生，同时在接受高等教育的过程中遭受歧视或偏见，为他们的学业、生活、实习就业带来困扰。

土著高等教育发展中存在的问题是历史、政治、社会、文化等多种因素影响的结果，其本身的复杂性就吸引笔者去一探究竟。同时，总结现阶段在土著高等教育参与方面取得的成果与经验，探索如何更有效地提高土著居民的高等教育参与水平。

（二）填补国内对澳大利亚土著高等教育研究的不足

根据知网的收录情况，国内第一篇有关澳大利亚的中文文献发表于1950年，内容是美国独占资本家对澳大利亚资本的进攻，接下来的十几年中，可查到的文献数量十分少，主要是对澳大利亚政治、经济、资源、地质状况的介绍，类似于新闻报道，以及对个别文学作品的介绍与推荐。1976年后，关于澳大利亚学者来华访问的信息逐渐多了起来，在医学和农学领域出现了与澳大利亚的交流，如对癌症的研究、林业病虫害防治、棉花种植、养羊业等。可以看出，从这一时期起，中国学者对澳大利亚的关注逐渐多了起来。对澳大利亚的关注与研究真正呈现出井喷式发展是在20世纪90年代以后，研究的范围十分广泛，涉及农学、医学、基础研究、工程技术、教育、法律、经济、文化等多个方面。也正是在90年代后，国内学者对澳大利亚高等教育的研究逐渐多了起来，尤其在2000年后，对澳大利亚高等教育的研究更加深入、面也更广，涉及高等教育国际化、质量保障体系、课程、教师教育、职业教育、数字教育、专业设置、教学模式、管理模式、人才培养等方方面面。

对澳大利亚高等教育的研究起步虽晚却发展较快。但目前对于土著高等教育的研究依然十分薄弱，已有研究大多从教育公平的视角出发来分析土著的高等教育优惠政策，或是单纯对土著的高等教育政策进行解析，或是对单一历史事件进行描述式分析，并且大多停留在对二手资料的分析上，鲜有以土著高等教育史和土著高等教育具体实施问题等为核心开展的研究，已有研究的不充分促使笔者试图丰富或完善目前的土著高等教育问题研究内容。

### 三、选题的意义

（一）理论意义

对土著高等教育参与的问题研究，可以提高理性认识，具有一定的理论意义。

（1）形成对土著高等教育发展历史的系统认识，进一步明晰土著高等教育参与的研究背景。土著高等教育发展至今约40年，对土著高等教育参与的研究必须放在土著高等教育的历史发展进程中进行，结合每个阶段的政治、社会环境才能更好地了解参与的阶段性特点。土著高等教育的历史不仅是土著高等教育参与的研究背景，其本身也是土著高等教育参与研究内容的一部分，因此，对土著高等教育的历史发展情况进行整理，是开展土著高等教育参与研究的基础。

（2）探讨促进土著高等教育参与的原因，为土著高等教育参与的进一步研究提供理论支撑。通过理论分析的方法，剖析澳大利亚政府转变态度对土著高等教育参与予以政策支持的原因，探究促进土著高等教育参与的原因和必要性，为进一步开展土著高等教育参与研究提供理论依据。

（3）通过对土著高等教育参与的历史分析发现，土著高等教育发展中，国家、社会（市场）、学术（大学）三种力量相互博弈、调整与配合，在不同的历史背景下，三种因素所占比重均有所变化，处于相对的平衡状态。通过运用伯顿·克拉克"三角协调理论"进行探索，有助于形成对土著高等教育参与规律的认识。

（二）实践意义

近年来在澳大利亚大学土著支持单位的努力下，土著学生的高等教育参与程度有所提高，其实践和经验具有一定的参考价值。就已有研究来说，目前关于澳大利亚土著高等教育的研究成果的数量很少。在已有的成果中，有的是在研究澳大利亚高等教育问题的专著或博士、硕士学位论文中插入章节对土著高等教育问题进行简单描述，有的论文虽关注土著高等教育问题，却大多聚焦在教育立法与教育政策上。本书以土著高等教育参与的实践与代表性案例为抓手，结合土著高等教育参与的历史进程中的政治、社会等因素对土著高等教育的影响，提取实践中的成功经验。

## 第二节　基本概念界定

### 一、土著

土著，指世代居住于本地的人，即某地方的原始居民，国际上尚没有公认的关于土著人的定义。据联合国有关机构估计，在全世界五大洲 70 多个国家中，生活着 5000 多个土著人团体，共有 3 亿名土著人。对于"土著"，在当前学术界，主要有土著民族、土著居民、原住民三种称谓。

当代中国学术界比较通用的"土著民族"一词指"世代居住于本地区的民族。西方资产阶级学者以此称呼世代居住在殖民地半殖民地的民族"①。就"民族"而言，它是指以共同生活地域、共同文化、共同语言、共同经济生活、共同心理素质为主要联系纽带，并以此为特征以区别于其他人类群体的任何人们的共同体②。而"人民"指对一个经济体认同并有归属感的人群集合。从表述上看，土著民族与土著居民的含义存在一定区别，但在实际运用中却有所混用。即便是在联合国的官方文档中，也存在屡次把"土著居民"（Indigenous People）和"土著民族"（Indigenous Peoples）混用的现象。2007 年，联合国大会通过的"*United Nations Declaration on the Rights of Indigenous Peoples*"，也有两个由联合国官方公布的不同的中文译名：《联合国土著居民权利宣言》和《联合国土著民族权利宣言》③。

就词源而言，"原住民"是一个日语词语。姜德顺在《略辨"土著"与"原

---

① 陈永龄．民族词典［M］．上海：上海辞书出版社，1987．
② 廖敏文．《联合国土著民族权利宣言》研究［D］．中央民族大学博士学位论文，2009．
③ 姜德顺．略辨"土著"与"原住民"［J］．世界民族，2012（6）：7-12．

住民"》一文中，进行了大量的历史文献考证，证明"原住民"乃是舶来品，在 1980 年底前，出现"原住民"的报道大部分译自日文。而中国长期以来主要使用的是"土著"一词，"土著"这种译法一直得到我国政府的支持，在联合国的相关正式文档中使用的也是"土著""土著居民""土著民族"。

故此，在本书中笔者使用"土著"一词。

托雷斯海峡岛民指位于澳大利亚大陆最北端与新几内亚之间的托雷斯海峡群岛上的土著居民。出于严谨，遵循文件、政策内容，除了特意写出"土著和托雷斯海峡岛民"，本书中的"土著"统指澳大利亚的土著人和托雷斯海峡岛民及其后裔。

**二、高等教育参与**

澳大利亚的高等教育（Higher Education）在某些情况下也被称为第三级教育（Tertiary Education），二者含义相近，可并不完全相同。事实上，高等教育应该说是第三级教育的一部分。澳大利亚的第三级教育包括高等教育（以大学为主）和职业教育与培训两个层面，颁发的学历学位证书包括文凭、高级文凭、副学士学位、学士学位（包括荣誉学士学位）、研究生证书、研究生文凭、硕士学位、博士学位和高级博士学位[1]。教育机构包括大学、高等教育学院和高等技术与继续教育学院等。和职业教育机构相比，大学更强调拓展知识领域和学术研究，除教授通识课程外，大学也提供职业教育方面的课程，大学和职业教育机构最主要的区别在于学位学历的授予，即职业教育机构只能颁发各级文凭和证书，而大学则可以授予从学士到博士的各级学位证书。目前，澳大利亚共有 42 所大学，包括 39 所公立大学和 3 所私立大学，本书研究对象是以大学为主体的高等教育。

参与是指以第二方或第三方的身份加入、融入某件事中。参与是一种历史悠久的民主政治思想，早在古希腊时期就已出现了参与的萌芽。但现代意义上的

---

① Tertiary Education Quality and Standards Agency, What We Do［EB/OL］. https：//www.teqsa. gov. au/what-we-do.

"参与"概念，主要来源于近代民主理论中有关人民权利思想①。在管理学语境中，参与主要指个体对群体活动的涉入及程度，主要包括个体与其他个体之间的互动、个体和群体之间相互影响的方式以及程度等②。

　　提高土著学生的高等教育入学率是提高土著高等教育参与水平工作的主要任务，但土著的高等教育参与不仅指土著学生进入高等教育系统这样的一个行为，它还有更广泛的含义。比如：在入学后为土著学生提供学业、生活、就业等各方面的支持，在大学内开展土著文化能力建设和开发土著课程，以及密切大学与土著社区、家庭的联系与合作等。本书研究的高等教育参与的主体为大学主导下的教职员工和土著学生的高等教育参与活动。土著高等教育参与的开展是一个协作过程，需要政府的教育管理部门、大学的土著支持单位及相关部门、土著师生及他们的社区和家庭的三方协作。政府的教育部门通过政策制定为大学提供导向，土著支持单位为土著学生提供入学支持、入学后的生活和学业支持，以及为土著员工和学生提供他们所需的校园环境。土著社区与土著家庭通过与大学的合作和互动，提高大学相关措施的合理性，共同致力于促进土著的高等教育参与。

# 第三节　文献综述

## 一、国内研究文献综述

### （一）对澳大利亚土著民族本身的研究

研究澳大利亚土著高等教育问题，必须要了解土著民族的起源、历史、宗

---

① 王浦劬．政治学基础［M］．北京：北京大学出版社，1995.
② 方舟，奚群英，吕有伟．学习支持服务与学生参与度关系的调查研究——以浙江奥鹏远程教育为例［J］．开放教育研究，2010，16（1）：95-100.

教、文化等情况，这样才能对土著民族形成一个系统的认识。现有关于土著民族问题的研究主要分为两类：一类是介绍性的；另一类是对土著具体问题的研究。

1. 介绍性文献的梳理

介绍类文献一般以介绍土著的历史、文化、宗教、经济等为主，多采用历史的叙述方式。阮西湖（1987）论述了澳大利亚的民族构成、民族关系、民族政策和民族文化特征，介绍了土著人的历史和现状，以及相关的多元文化政策，从多元文化的角度对土著民族进行全景式探讨①。石发林（2010）全面地介绍了澳大利亚土著人的情况，包括历史起源、宗教神话、社会组织、文学艺术、语言、人口分布以及澳大利亚政府的土著政策，并对土著民族的自主之路作出展望，填补了当时国内土著研究专著的空白②。黄源深、陈弘 1991 年编写的《当代澳大利亚社会》主要介绍澳大利亚社会、生活等问题，土著只是其内容的一部分，篇幅不长但涉及土著的历史、亲属关系、律法、神话、艺术、教育，内容丰富又短小精悍③。张显平（2007）的《澳大利亚社会与文化》④、李常磊（2004）的《澳大利亚文化博览》⑤ 同样如此，用部分章节以描述性的文字介绍了澳大利亚土著的历史和文化传统。内容涵盖土著的文化历史、经济、宗教、语言等的通史类著作还有一些，如刘丽君等的《澳大利亚文化史稿》、路介子的《澳大利亚建国史》、郑寅达和费佩君的《澳大利亚史》、张天的《澳洲史》等，这些著作内容接近，且都描述多于议论。

2. 土著专题研究文献的梳理

目前关于土著的专题研究主要分为以下两类：

第一类是关于土著文化的研究。陈克进（1984）对土著的婚姻制度进行了考

---

① 阮西湖．澳大利亚民族志［M］．西宁：青海人民出版社，1987.

② 石发林．澳大利亚土著人研究［M］．成都：四川大学出版社，2010.

③ 黄源深，陈弘．当代澳大利亚社会［M］．上海：华东师范大学出版社，1991.

④ 张显平．澳大利亚社会与文化［M］．武汉：武汉大学出版社，2007.

⑤ 李常磊．澳大利亚文化博览［M］．上海：上海世界图书出版公司，2004.

察，指出在土著中存在的级别婚姻制度是群婚的一种形式①；马飞（2007）提出图腾在土著社会的三个主要功能：社会控制功能，包括区分群体、维系社会组织、维护和平与稳定的功能；社会心理功能，主要表现为教化功能、道德功能、心理安慰功能和社会认同功能；外婚制功能，防止近亲婚配，促进氏族团结②。王艳芬（2001）关注图腾的内涵及特征，指出土著宗教是澳大利亚的最原始宗教，而图腾崇拜是最具影响力的信仰形式之一，"人动物化与动物人化"是图腾的基本特征③。

第二类是关于政府与土著人的和解问题。汪诗明（2019）提到土著问题的复杂性、党派政治的竞争性等是影响澳大利亚种族和解进程的重要因素。汪诗明以"种族和解"为线索对澳大利亚土著与白人之间的对立与和解进程进行了全面而深入的探讨，认为种族和解在本质上是一个去殖民化、重新界定新型种族关系以及建构澳大利亚民族国家属性的进程④。

通过对文献的梳理发现，关于澳大利亚土著民族的研究呈现出以下特点：

一是研究的内容更加丰富、更加关注现实。早期对澳大利亚土著的研究多集中在对土著文化、宗教、习俗、语言、神话的介绍上，重描述而轻议论，缺少对新内容的挖掘。从 20 世纪 90 年代起，学者们更加注重对土著具体问题的研究，关注研究的现实意义，从而大大丰富了研究的内容。

二是土著逐渐成为研究的主体。早期的研究中，关于土著的研究不但数量少，而且内容散。在一些著作中，关于土著的研究内容作为澳大利亚相关研究的一部分得以呈现。20 世纪 90 年代后，经过近 30 年的发展，对于土著的研究逐渐形成体系，研究的内容涵盖了土著的历史、土著社会组织、土著文化艺术等方面。土著作为研究对象获得了更多的关注度，研究的主体地位逐渐确立起来。

---

① 陈克进. 澳大利亚的级别婚试析［C］. 民族学研究，1984：86-94.
② 马飞. 图腾崇拜在澳大利亚土著社会的功能研究［D］. 上海外国语大学硕士学位论文，2007.
③ 王艳芬. 澳大利亚宗教的特征［J］. 苏州铁道师范学院学报（社会科学版），2001（3）：77-82.
④ 汪诗明. 澳大利亚土著问题研究：以种族和解为线索［M］. 北京：社会科学文献出版社，2019.

（二）对澳大利亚土著高等教育的研究

1. 澳大利亚土著教育政策文献梳理

1989年，多元文化正式被确定为澳大利亚的基本国策，在奉行多元文化的背景下，澳大利亚政府越来越关注土著群体的教育问题，逐步出台了一系列的法律政策。陈立鹏、张靖慧（2011）认为，澳大利亚土著教育立法呈现出以下特点：以促进教育公平为核心，依据目标设计项目并提供资金，在项目实施中注重问责制，强调土著在决策中的参与度，强调各机构、群体间的协作[①]。陈立鹏、孔瑛（2008）指出，美国、澳大利亚实施民族教育立法的目的在于确保少数民族教育机会均等，以及为提高民族学生的学业成就提供基本保障，并明确政府在民族教育中的责任，提高少数民族在教育决策和管理中的参与度[②]。刘丽莉（2010）梳理了澳大利亚土著民族教育政策在四个阶段的发展历程，认为土著民族教育政策要件齐备，已经达到教育政策完整性的要求，且政策的内容能够根据形势的变化而创新，但存在政策的针对性不强的问题，实施效果欠佳[③]。刘丹（2014）介绍了在同化政策、一体化政策、多元文化政策这三个历史时期的民族教育政策的变迁，认为社会经济的变动、民族认同感加强、对国家的认同是影响民族政策变迁的重要因素[④]。王兆璟、陈婷婷（2010）认为，多元文化社会的形成、进步人士对土著的支持、社会舆论压力、土著民族意识的高涨和政治力量的加强是澳大利亚政府实施土著教育优惠政策的动因，而追求民主平等、保持文化多样性是实施土著教育优惠政策的价值取向[⑤]。

2. 对澳大利亚民族教育法案、战略计划的研究

在对澳大利亚土著教育政策的研究中，有部分学者具体关注一些重要的法

① 陈立鹏，张靖慧. 澳大利亚民族教育立法研究及启示 [J]. 民族教育研究，2011（3）：31-38.
② 陈立鹏，孔瑛. 美国、澳大利亚少数民族教育立法研究 [J]. 民族教育研究，2008（4）：71-76.
③ 刘丽莉. 澳大利亚土著民族教育新政策研究 [D]. 西北师范大学硕士学位论文，2010.
④ 刘丹. 认同视角下的澳大利亚民族教育政策变迁研究 [D]. 西北师范大学硕士学位论文，2014.
⑤ 王兆璟，陈婷婷. 澳大利亚土著人教育优惠政策：进程、动因及价值取向 [J]. 当代教育与文化，2010（6）：25-30.

案、政策给土著教育带来的影响。姜峰、刘丽莉（2009）概述了《土著民族教育（目标援助）法案》实施的条款、拨款计划、实施的目标以及年度报告，认为这一法案是多元文化政策下的产物，帮助了土著民族教育的发展，促进了教育机会均等，但对土著群体的照顾也被认为是对主流群体的歧视①。《土著居民和托雷斯岛民教育行动计划 2010—2014》制订了 55 项行动计划，旨在为土著居民入学做好准备，并提高土著学生的读写能力和计算能力，提高土著学生入学率，增强土著学生参与第三级教育的积极性，加强学生与其社区的联系等。该教育行动计划措施取得了一定成效，但并没有明显增加土著和托雷斯海峡岛民的学生数量，学生的计算能力虽然提高，但阅读和写作的能力却下降了。

3. 关于澳大利亚土著职业教育的研究

在多元文化价值政策的引导、土著受教育意识的觉醒以及社会经济发展的需求下，土著职业教育经历了限制解除、体系建立、政策完善三个阶段。土著人的职业教育参与率得到提高，职业教育学习水平提升，就业情况得到改善，唐锡海、袁倩（2018）认为，土著职业教育发展仍面临着地域、性别不平衡，就业水平低等问题，今后在发展中要重点围绕区域职业教育平衡、女性职业教育、提升就业率等方面进行改革②。王建梁、梅丽芳（2013）分析认为，受传统文化的影响，土著在接受职业教育时会选择与他们生活密切相关的农业、环境、卫生等科目，土著人自给自足的生活方式以及入学后家庭劳动力的减少抑制了土著的职业教育参与率。另外，职业教育所提供的文化知识并不适用于土著社区，接受过职业教育的土著人失业率较高是阻碍土著职业教育发展的因素之一。为改善这些情况，澳大利亚政府采取了开办专门的土著教育学校、加强职业教育与土著社区的联系、开发远程教学、聘用合格土著教师等措施，提高了土著学生的就业率，并

① 姜峰，刘丽莉. 澳大利亚促进民族地区教育均衡发展政策研究——《土著民族教育（目标援助）法案》述评 [J]. 民族教育研究，2009（5）：110-113.
② 唐锡海，袁倩. 澳大利亚土著民族职业教育发展探析 [J]. 职业技术教育，2018（31）：73-79.

改善了土著地区的经济状况①。2000 年，土著培训咨询委员会颁布了《土著职业教育与培训战略规划（2000—2005）》，提出要增加土著人决策参与度、保障土著人平等的教育参与权、提供适应土著文化的培训内容、加强培训与就业的联系。

（三）对其他国家土著高等教育问题的研究

除澳大利亚的土著人外，分布在美国、加拿大、新西兰等国家的土著人的高等教育问题也引起了国内一些学者的关注。

加拿大的土著人主要包括印第安人、因纽特人、梅蒂斯人。与澳大利亚情况相似，加拿大土著的受教育过程充满了矛盾和斗争，在历史、人口、地理、经济等因素的影响下，加拿大土著人有着极低的高等教育参与水平。2005 年，加拿大政府提出要为高等教育提供资金，努力缩小土著人与非土著人在高等教育上的差距。黄海刚（2008）认为，促进土著人参加高等教育，是大学、联邦政府、地区政府的联合责任②。近年来，政府通过设立社区学院、制定招生优惠政策和提供经济资助这样三管齐下的方式使土著民族地区的高等教育得到了一定程度的发展③。当前加拿大的高等教育已经步入普及阶段，但在高等教育的普及化过程中却存在高等教育发展不均衡问题，而土著和非土著群体在高等教育参与度上的明显差别表现得尤为突出，加拿大政府通过实行"积极性差别待遇"，努力消除弱势群体接受高等教育的障碍，从经济和政治方面讲都有很好的战略意义④。

印第安人、阿拉斯加以及夏威夷岛居民为美国主要的土著民族。自 20 世纪90 年代以来，美国的多元文化教育蓬勃发展，联邦政府对土著的教育问题重视起来，如采取措施保护土著语言、为土著提供教育援助、推进印第安土著自决、

① 王建梁，梅丽芳. 澳大利亚发展土著人职业教育的主要措施及其成效初探［J］. 民族高等教育研究，2013（5）：12-17+93.

② 黄海刚. 加拿大土著参与高等教育的机遇与挑战［J］. 大学教育科学，2008（12）：86-90.

③ 李欣. 扶起倾斜的天平：加拿大发展土著民族高等教育的政策研究［J］. 民族高等教育研究，2013（1）：21-25.

④ 李欣. 从"普及中的失衡"到"均衡中的普及"［J］. 复旦教育论坛，2013（1）：75-79.

培养土著教师，尽管还没有完全实现教育公平，土著人的教育质量仍落后于其他族群，但相比之前已有明显提高①。

提供经费资助是澳大利亚、新西兰、美国、加拿大等国家在促进土著高等教育发展时不约而同采取的手段之一，并且经过长期实践，已经形成具有各国特色的、比较完备的资助体系。邱雯婕（2018）通过对四国的土著高等教育资助政策以及政策的实施成果进行比较分析，发现四国接受高等教育的土著人数均明显上升，且四国的土著学生都倾向于学习实践类的专业，而四国的高校在课程设计上也考虑了土著学生的背景，增进他们对主流文化的理解，成功提高了土著学生的就业率和土著地区的经济水平②。

### 二、国外研究文献综述

#### （一）对澳大利亚土著高等教育参与的研究

土著高等教育参与这一问题在土著高等教育发展之初便已引起了一些学者的关注。达尔文市所在的北领地是澳大利亚唯一由土著人自行管理的区域，坐落在北领地的巴切勒土著高等教育学院是澳大利亚最早的土著高等教育机构。从20世纪70年代起，在国家土著高等教育政策的推动下，达尔文大学和巴切勒土著高等教育学院开始致力于促进土著高等教育的工作；从90年代起，它们开始真正地影响到土著的教育活动，并且越来越显著地提高了土著的高等教育参与水平。对于这两个机构来说，当前最重要的是维持它们在改善土著高等教育参与方面所做的工作以及它们提高土著参与率的这种能力，它们也需要进行更多的研究，以调查高等教育中经济和社会政治力量在满足土著学生和职员的需求方面的

---

① 宝媛媛.20世纪90年代以来美国原住民多元文化教育政策研究［D］.东北师范大学硕士学位论文，2018.

② 邱雯婕.高等教育阶段少数民族学生资助问题的研究与启示——基于美、加、澳、新的比较研究［J］.纺织服装教育，2018（4）：335-340.

影响，以促进高等教育机构和学生未来的成功①。

1988 年，《高等教育：政策声明》白皮书将澳大利亚国家高等教育公平政策的重点放在"改变学生人口的平衡，以更准确地反映整个社会的构成"上，之后妇女、非英语背景移民和残疾人在高等教育参与方面有所改善，但对贫困人群、偏远地区居民以及土著居民的干预仍然没有收到明显效果。虽然参加高等教育的土著人数在增加，但土著在高等教育中所占的比例较低。大学目前采用的做法是帮助他们进入大学，并在学生入学后提供支持，帮助提高这些学生的保留率和毕业率，但更重要的是，应该提供足够多的接受高等教育的途径，或者通过特招为土著学生提供入学机会。此外，关注各类学校和大学间的衔接教育，开发数字课程和数字学习计划来应对地区偏远所造成的地理隔离，大学通过量身定做的项目满足土著青年的需求②。

约翰尼·阿瑟隆（Johnnie Aseron）等认为，尽管现在有一些研究试图了解并改善土著社区的高等教育参与问题，但许多这样的研究不能充分考虑文化因素的重要性，无法对土著教育形成一个独特的发展基础。通过对现有文献的研究发现，研究者对一些简单的问题存在着不同的理解，例如：土著和托雷斯海峡岛民有哪些特别的需求，可以帮助他们建立真正的高等教育的途径有哪些？对于作为第一民族的土著参与高等教育，人们是如何看待的？是什么帮助他们或阻碍他们在关键的人生转折中做出明智的选择，从而进入高等教育？作者认为对于土著的高等教育参与，未来的努力方向应该包括制定积极的举措和战略，这些举措和战略应为土著和托雷斯海峡岛民、教育机构及其他利益相关者长期参与高等教育的

---

① James A S, Kim R, Shane M, et al. A historical overview of responses to indigenous higher education policy in the NT [J]. Australia Universities' Review, 2018 (2)：38-48.

② James A S, Sue T, Steven L. Participation in higher education in Australia among under-represented groups：What can we learn from the higher education participation program to better support indigenous learners? [J]. Indigenous Pathways and Transitions into Higher Education, 2015 (17)：12-29.

途径提供长效解决方案①。凯蒂·莫里斯（Caty Morris）和克里斯·马修斯（Chris Matthews）也认识到了土著文化因素对于教育的重要性。他们从土著和非土著的视角叙述了一位土著数学家和一位非土著教师的学习和教学经历，结果发现，土著数学家成功将达到预期教学目标所需的时间缩短了两年。作者认为，提高土著学生的学习水平仅仅依靠土著学生自身的努力还不够，教师对土著学生生活经历的充分了解会帮助达到更加高效的教学效果②。

通过量化研究对土著高等教育参与情况进行分析，是准确地把握土著高等教育参与实际情况的必要方法。朱迪思·威尔克斯（Judith Wilks）和凯蒂·威尔逊（Katie Wilson）收集了土著和托雷斯海峡岛民学生参与高等教育的最新统计数据，分析了土著学生在高等教育入学、就读还有毕业的情况。通过研究发现，尽管近年来采取了各种措施改变土著学生在高等教育中代表性不足的现象，但是土著和托雷斯海峡岛民学生接受高等教育的比例仍然大大低于平均水平。作者认为，仅仅招收更多的土著学生是不够的，大学还应该帮助他们并提高他们的保留率和毕业率，以及帮助他们在接受高等教育的过程中更高效地参与到大学生活中，提高他们的大学生活质量③。斯蒂芬妮·阿姆斯特朗（Stephanie Armstrong）和莎拉·巴克利（Sarah Buckley）采用了实证的方法，运用 AEI、ERIC、Family and Society、PsycINFO 等数据库，通过研究发现，教育水平的高低直接影响就业机会、收入水平和社会活动的参与情况，作者强调要提高土著学生的入学率和保留率，找到土著学生和非土著学生之间的差距以及造成差距的原因，据此设计出

---

① Johnnie A, Simon W, Adrian M, et al. Indigenous student participation in higher education: Emergent themes and linkages [J]. Contemporary Issues in Education Research, 2013 (4): 417-424.

② Caty M, Chris M. Numeracy, mathematics and Indigenous learners: Not the same old thing [C]. Research Conference, 2011: 37-41.

③ Judith W, Katie W. A profile of the Aboriginal and Torres Strait Islander higher education student population [J]. Australia Universities' Review, 2015 (2): 17-30.

缩小差距的方案①。珍妮佛·戈尔（Jennifer Gore）和莎莉·帕特菲尔德（Sally Patfield）等采取了实证研究的方式，分析了 2000~2016 年发表的土著高等教育领域内的文献，分析的内容包括土著高等教育的愿景、推动因素和阻碍因素。作者认为，目前关于土著高等教育的研究成果越来越丰富，但对在校土著学生的关注较少，在将来的研究中需进一步考虑到土著学生对高等教育的需求和渴望，以及在从小学到大学这样一个完整求学生涯中，他们遇到的相似的阻碍因素和类似的推动因素有哪些。还要探究土著社区内部和土著学生之间这样两个不同群体存在的差异性，以及来自土著视角、土著方法学的学术见解②。至于大学在提高土著学生的高等教育参与水平中究竟扮演了什么样的角色，叶卡捷琳娜（Pechenkina Ekaterina）和艾玛·科瓦尔（Kowal Emma）以澳大利亚 40 所大学的官方网站为样本，研究土著学生支持机制与土著学生参与高等教育水平间的相关性。研究结果表明，在大学中存在着两极分化的现象，一组大学的土著学生入学率方面表现突出，另一组大学有着较高的土著学生毕业率。作者认为，今后在不降低入学标准的前提下进一步提高土著学生毕业率高的大学的入学率，以及如何在土著学生数量较多的大学中提高学生的毕业率方面仍然存在挑战③。

在土著的高等教育参与中，教师的质量问题引起了学者关注。本·范·格德伦（Gelderen Ben Van）对北领地地区的"培养我们自己"（Growing Our Own）土著教师培养计划展开研究。在北领地地区的学校教育中存在一个突出的问题就是土著教师匮乏，不仅是合格的土著教师数量少，在一些农村和偏远地区甚至一位土著教师都没有，2009 年，"培养我们自己"计划在这样的情况下应运而生。

① Stephanie A, Sarah B. An investigation into the attendance and retention of Aboriginal and Torres Strait Islander students: Research and theory about what works [J]. Biochemical & Biophysical Research Communications, 2011 (9): 62-65.

② Jennifer G, Sally P, Leanne F. The participation of Australian indigenous students in higher education: A scoping review of empirical research, 2000-2016 [J]. Australian Educational Researcher, 2017 (44): 323-355.

③ Pechenkina E, Kowal E. Indigenous Australian students' participation rates in higher education: Exploring the role of universities [J]. The Australian Journal of Indigenous Education, 2011 (40): 59-68.

事实上，"培养我们自己"带有更深层次的教学目的，不仅仅是提高偏远地区的土著居民在正规高等教育领域的参与水平，还涉及高等教育机构开发一个真正的回应式课程（ITE）的能力，包括本地土著社区的认识论和教学法，同时保持AITSL标准的高等教育成果和"主流"课程的专业知识。帮助偏远地区的土著"助理教师"获得高等教育学位，使他们得以继续为他们的家乡、社区、学校做贡献，这一模式是可持续的，也是缩小澳大利亚偏远地区教育水平差距的成功实践①。

21世纪以来，全校参与成为土著高等教育参与的发展趋势，针对《贝伦特评论》对土著和托雷斯海峡岛民的高等教育采取"全校参与"化的呼吁，各大学尝试对土著人和托雷斯海峡岛民的高等教育采取一种"全校参与"的方式。劳伦斯·佩里（Lawrence Perry）和莉安·霍尔特（Leanne Holt）介绍了纽卡斯尔大学沃鲁图卡学院的成功经验，包括开发出一套文化标准，承认土著和托雷斯海峡岛民独特的文化价值。作者从土著的立场出发，依据影响土著与托雷斯海峡岛民参与高等教育的因素，探索创造一个重视土著价值观、原则、知识和观点的大学环境②。

2017年出版的《土著的高等教育途径、过渡和参与》（*Indigenous Pathways, Transitions and Engagement in Higher Education*）是为数不多的一本专门介绍土著高等教育参与途径的专著，参与编写的30多位作者是来自澳大利亚各大学或研究机构的专门从事土著相关问题研究的研究人员。这本书详细介绍了土著学生的升学途径、高等教育的政策议程、土著高等教育的社区参与以及土著高等教育参与的相关实践，如偏远土著社区的在线课程开发、土著学生的在线学习、扶持性计划对土著学生高等教育参与（保留率和毕业率）的影响，对国内学者全面了

①　Van Gelderen B. Growing our own：A "two way" place-based approach to indigenous initial teacher education in remote Northern Territory［J］. Australian and International Journal of Rural Education, 2017（27）：14-28.

②　Lawrence P, Leanne H. Searching for the songlines of aboriginal education and culture within Australian higher education［J］. Australian Educational Researcher, 2018（45）：343-361.

解土著的高等教育参与的政策和实践有很好的参考意义①。

（二）对其他国家土著高等教育的研究

除澳大利亚的土著居民外，其他国家和地区土著居民的高等教育问题同样引起了学者的关注。《高等教育中的土著人民》（*Indigenous Peoples in Higher Education*）呈现了关于美国印第安人在高等教育中的经历、挑战和成就的教育研究调查的结果。总体来说，无论院校类型如何，学生和教师都表示他们对与当地学生一起工作比较满意，大多数人表示，他们希望继续在当地社区工作，与当地社区合作，并为当地社区服务②。来自美国亚利桑那州立大学（Arizona State University）的伊丽莎白·苏迈达（Elizabeth Sumid）和肖恩·安倍太（Shawn Abeita）重新思考了"教师"和"学习者"的关系，教师同时也是学习者，也需要向被教导一方学习，在土著面临教育危机的地方，教师应该成为变革的推动者，在土著人的指导下开展教育实践活动。文化传统和习俗的丧失导致土著的土地和世界观的丧失，教育可以帮助他们捍卫祖先的记忆，教师在社区的工作要基于对对方的尊重以及双方的伙伴关系，共同建构这种文化回应式的教学法③。

2002 年，奥克兰大学的学者提出要在 5 年内培养出 500 名毛利人博士的倡议，玛丽亚·玛雅·比列加斯（Malia Maya Villegas）博士介绍了新西兰的 500 名毛利人在 5 年内成功获得博士学位的案例，作者采用扎根理论的研究方法，分析了机构的档案记录，访谈了 44 位计划的参与者、领导者和管理人员。通过关注毛利人的文化、生活背景、教育背景，描述了实施这一计划的理论意义和实践意义，作者认为这一计划的成功离不开建立在毛利人与文化和信仰之间的正确关系，毛利人的文化和宇宙进化论是开展研究的基础。毛利人的成功实践给土著高

① Jack F, Steve L, James A S. Indigenous pathways, transitions and participation in higher education［M］. Singapore：Springer Open, 2017.

② Bryan M J B, Jessica A S, Angelina E. Castagno［J］. Journal of American Indian Education, 2015 (1)：54-186.

③ Elizabeth S H, Shawn A. Indigenous teachers and learners：Higher education and social justice［J］. Anthropology & Education Quarterly, 2018 (2)：201-209.

等教育带来了积极影响，其经验已经被加拿大第一民族社区、夏威夷土著社区、阿拉斯加土著社区在培养土著博士的过程中借鉴。作者认为，毛利人的经验在阿拉斯加的土著高等教育中同样适用，为拥有硕士学位并对更高一级的教育感兴趣的人提供新的机会。作者倡议在阿拉斯加土著社区建立起一个联系各社区领袖（研究人员）的网络，因为在对毛利人的案例研究中，作者发现领袖们（研究人员）可以有效地利用起毛利人的知识和世界观，而这正是建立一个以社区为基础的阿拉斯加土著教育计划所需要的①。

　　由于澳大利亚、新西兰、加拿大和美国同样有被英国殖民的历史、同为英语语系的资本主义国家、存在相似的土著教育问题，罗杰·吉尔兹·冈萨雷斯（Roger Geertz González）和帕特里夏（Patricia Colangelo）采用了比较的研究方法，从历史的视角分析四个国家在 1880~2005 年的土著高等教育共同点。研究对象是以英语为母语的澳大利亚土著人和托雷斯海峡岛民、加拿大第一民族、新西兰毛利人、美国印第安人和阿拉斯加人。作者指出，昔日的殖民统治给土著人口带来的贫困、文化偏见和种族主义、同化等政策造成的土著对教育的抵制、土著权利保护法的缺乏，是导致这四个国家土著学生高等教育入学率低下的四大因素。作者发现，四个国家的土著高等教育虽然是在不同的历史时期发展起来的，但政策的发展阶段是相似的，它们的土著高等教育在过去的 35 年里都得到了更充分发展，在发展各自的高等教育机构前都走了类似道路。作者认为，这些相似之处是由于每个国家的教育系统中仍然存在后殖民主义，而后殖民主义迟滞了土著获得积极的、自主的且得到文化回应的高等教育②。

　　与澳大利亚、新西兰、美国、加拿大的土著群体情况类似，拉丁美洲的土著

　　① Malia M V. 500 Maori PhDs in five years：Insights from a successful indigenous higher education initiative [D]. Harvard University, 2010.

　　② Roger G G, Patricia C. The development of indigenous higher education：A comparative historical analysis between Australia, Canada, New Zealand, and the U.S., 1880-2005 [J]. Journal of American Indian Education, 2010 (3)：3-23.

同样面临着高等教育的双重排斥，一方面，他们接受高等教育的机会很少；另一方面，他们的文化和认识论不被高等教育课程承认。胡安·德迪奥斯·奥亚尊（Juan de Dios Oyarzún）等评估了墨西哥、巴西先行的土著高等教育政策，包括主要大学的肯定性行动方案、跨文化课程以及自治机构，并分析了墨西哥、巴西的土著人口情况为高等教育带来的挑战。作者认为，在考虑本土高等教育问题时，针对不同的社会环境需要不同的政策作出反应，并且在分析这些教育政策和倡议时采用了重新分配的理论框架，重新分配既要注重形式平等和物质福利，也要注重土著独特的文化。虽然重新分配的举措得到国家的支持，但由于具体措施的制定来自自治机构，引发土著人在教育公正方面面临了一系列的困境[①]。

通过对相关文献的梳理，可以发现，土著高等教育的相关研究呈现出以下特点：

（1）提高土著学生在高等教育的入学率是土著教育问题研究的核心。与国内学者相比较，外国学者对世界各国的土著高等教育的研究历时更长，同时提高土著学生在高等教育中的入学率这个主题几乎贯穿了各个时间段的土著教育问题研究。这一现象表明，在各国三四十年的努力下，土著学生的高等教育入学率虽然得到提高，但与非土著学生相比仍然存在着较大的差距，并且这个问题对社会的影响也愈加明显，可以预见在今后的一段时间里，这一主题仍然会被学者们关注。

（2）提高土著学生的高等教育参与水平，缩小土著学生和非土著学生间的差距，实现教育公平是国内外学者们共同关注的焦点，但不同的是，国外学者更加关注如何提高高等教育中土著学生的保留率和毕业率。

（3）随着对土著高等教育研究内容的丰富，研究方法更加多样。国内学者大多采用历史研究、文献分析或观察、访谈等质性研究方法。而国外学者更多地采用实证研究的方法，通过具体的案例分析或调查数据指出问题或解决问题。

① Juan de Dios O, Cristina P F, Tristan M C. Indigenous higher education in Mexico and Brazil: Between redistribution and recognition [J]. A Journal of Comparative and International Education, 2017 (6): 852-871.

（4）土著文化对促进土著学生高等教育成功的积极作用被逐渐重视起来。越来越多的学者倡议在土著的背景中以土著的视角、土著的方法解决土著教育问题，提倡将土著文化融入到课程设计及各阶段的教育过程中。

在对国内外研究现状进行归纳总结的基础上，本书将开展两方面的研究工作：梳理澳大利亚土著高等教育发展的历史；探索澳大利亚土著高等教育参与如何开展以及土著高等教育参与的实践的特点。本书的研究对于拓宽澳大利亚土著高等教育的研究范围具有重要的意义，将从一定程度上填补已有研究的空白。

# 第四节　研究思路及方法

## 一、研究思路

在土著的高等教育参与中，土著文化越来越受到大学的重视。显然，土著高等教育参与的实质，是在主流的高等教育体系中保留住土著独特的高等教育活动，这也是本书研究的逻辑起点。

研究土著的高等教育参与，必须结合历史才能分析联邦政府一系列政策制定的动因，可以帮助我们更好地去了解和理解土著高等教育参与的实践。本书以土著高等教育参与的历史和实践作为立足点，对土著的高等教育参与进行分析。

## 二、研究方法

### 1. 历史分析法

根据收集到的大量文献资料，从纵向的角度，对土著高等教育的形成、发展及现状作出近乎客观的描述。根据各个历史阶段的政治和社会环境，结合土著高等教育参与的内外因素，揭示土著高等教育参与在各个阶段的特点。

2. 比较法

比较法是在比较教育研究中广泛运用的一种研究方法，按照比较的不同角度可分为横向比较与纵向比较。纵向比较是对同一个国家或地区在不同历史时期的教育情况进行比较，横向比较是对同时并存的事物进行比较。没有比较就没有鉴别，在本书中，前半部分采用了纵向比较，探讨澳大利亚土著高等教育在不同历史阶段的表现以及土著教育政策的历史演进。

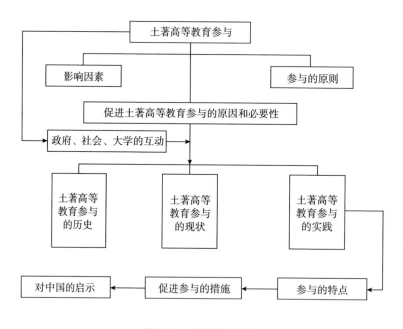

**图0.1　本书研究思路**

3. 个案分析法

本书在对澳大利亚土著高等教育政策、历史背景、具体措施进行探讨后，选取了悉尼大学、麦考瑞大学、纽卡斯尔大学这三所具有代表性的大学的土著支持单位作为典型案例，分析土著高等教育参与的特点，既是对前文论述的验证，同时有助于从抽象到具体地得出结论。

### 三、研究的创新点与不足

（一）创新之处

其一，本书是对土著高等教育历史发展的梳理。目前关于土著高等教育的历史只有碎片化的介绍，且在国内土著高等教育还不是土著教育问题研究的重点，本书较为系统地呈现出土著高等教育历史的面貌，以期填补这方面的空白。

其二，本书将拓宽国内对土著高等教育的研究范围。目前国内的研究主要集中在土著高等教育入学政策方面，然而土著高等教育参与不仅仅包括入学，还包含土著学生入学后的后续支持，以及大学与社会的联系、大学内部的土著文化、能力建设等内容。

其三，本书从实践、特点以及措施对土著高等教育参与进行了比较全面的介绍和分析。目前，国内已有的土著高等教育的相关研究主要是对澳大利亚土著的招生、财政拨款等教育优惠政策进行分析，而对于具体的促进土著高等教育参与的实践与典型案例缺乏关注，本书首次详细探讨了什么是土著高等教育参与，以及如何促进土著高等教育参与等问题。

（二）研究的不足

本书将土著历史、土著高等教育历史作为对土著高等教育政策进行分析的背景，并以政策结合实践，探究政策实施的效果，对土著高等教育参与作出了适当的评价，但本书依然存在一些不足。

首先，本书虽然结合了案例分析，但统计分析、实地调查等实证分析尚缺；此外，由于相关资料与数据的缺失，无法对参与的维度、频率和程度进行量化。

其次，本书较为详细地介绍了澳大利亚大学土著高等教育参与的实践活动与典型案例，但由于目前土著高等教育参与的相关评估指标还不成熟，大学也没有公布相关数据，无法呈现土著高等教育参与的效果。

# 第一章  土著高等教育参与的理论与研究框架

## 第一节  理论基础

### 一、多元文化主义

多元文化主义是近 20 年活跃于美国学术界、教育界和政治界的一种政治和社会理论，至今在学术界还没有一个公认的、清晰的界定，恰如 C. W. 沃特森所言，多元文化主义"对于不同的人群意味着不同的含义"①。多元文化主义是一种教育思想，多元文化主义提倡开设非西方文化的课程，消除对少数民族的偏见；多元文化主义也可以是一种政治意识形态，强调文化的差异和种族权利的平等。从内容而言，多元文化主义涉及政治理论、文艺理论、女性主义、民族主义、历史研究、文化研究、教育、宗教和社会学等学科领域；根据侧重点不同，

---

① C. W. 沃特森. 多元文化主义 [M]. 长春：吉林人民出版社，2005.

多元文化主义可以分为保守多元文化主义、自由多元文化主义、多样化多元文化主义、左倾本原多元文化主义和批评性多元文化主义。

多元文化主义的基本主张是，社会由各种不同的文化群体构成，每个文化群体都有自己独特的文化身份，由于其文化身份的不同，不同的文化群体在社会中的地位和遭遇也不尽相同。因此，多元文化主义强调文化身份，主张平等承认各种文化的差异，尊重少数群体的文化成员身份并给予他们差异的公民身份，实施差异政治，从而实现真正的平等①。多元文化主义认为，习俗、传统、艺术、饮食习惯，这些涉及少数群体的宗教、政治、文化、经济的因素都应该得到人们的尊重。实际上，对少数群体的偏见、习俗和符号在多元文化主义中不断地被修正。多元文化主义赞成文化的交流与融合，因为文化的变迁是不可改变的客观事实，而每个群体的文化都是在文化的交流中发展起来的。尽管学界没有对多元文化主义进行统一的概念界定，但可以发现，平等、差异是多元文化主义的核心价值取向，对少数群体及其文化的承认和包容、对不同文化及其差异的承认和包容是多元文化主义的核心内容。在对多元文化主义的具体操作中，关键是平衡平等与差异之间的关系，在正义的前提下，包容地对平等和差异同时予以承认②。

多元文化主义最早产生于美国，之后在加拿大、澳大利亚等国家陆续施行，用以解决本国的多民族（族裔）问题。二战后，大量的非英语移民涌入澳大利亚，使得澳大利亚的民族结构发生变化，民族的多样性发展迅速，这使澳大利亚变成了社会与文化有很大差异的国家。1973 年，澳大利亚移民部长访问加拿大，带回了多元文化主义的概念，并于当年正式宣布废除"白澳政策"，转而推行多元文化政策。多元文化政策产生于移民国家，但它的作用不在于吸引移民，而是将人和社会作为一个整体，以此管理文化异同产生的后果。主要体现在，所有澳大利亚人有权在指定范围内表述和分享他们自己的文化传统，所有澳大利亚人有

① 陈祥勤. 当代国外社会思潮［M］. 上海：学林出版社，2018.
② 王凯. 多元文化主义语境下的当代美国华裔文学［D］. 中央民族大学博士学位论文，2015.

权享受平等的待遇和机会，消除由于种族、民族、文化、宗教、语言、性别或出生地而带来的障碍①。1977 年，《作为多元文化社会的澳大利亚》这一官方报告首次提出了澳大利亚多元文化主义的三个原则：社会和谐、机会平等和文化认同。澳大利亚的多元文化主义是国际上公认的有效解决主体民族与少数民族关系问题的一种理论和政策模式。澳大利亚的多元文化政策为其他国家处理民族文化关系提供了理论和实践的范例，其对民族平等和社会宽容的做法为其他多元文化国家提供了学习的经验。1999 年 4 月，《新世纪澳大利亚的多元文化主义：走向包容》报告出台，澳大利亚政府再次声明了澳大利亚坚持发展民族及文化多样性的立场。多元文化主义在澳大利亚的实施以族群平等为取向，致力于消除种族歧视。

多元文化教育理论源于多元文化主义，教育机会均等和社会正义是多元文化教育理论的核心，它关注教育结果的平等甚至于入学机会均等，其目标是通过教育的平等促进社会正义。主流文化与弱势文化间的平等在多元文化教育中得到强调。当前澳大利亚的文化主要有当地土著文化和欧洲白人文化，另辅之其他各种族文化。同时，澳大利亚也是一个宗教自由的国家，基督教、天主教、犹太教、印度教、佛教、伊斯兰教等宗教在这个国家并存。在这样的氛围下，不得不考虑教育与文化的适配性问题。在联邦政府的支持下，土著人的文化传统得以保留，但在高等教育领域，土著文化是否同主流文化一样得到尊重、在大学的课程中，土著文化保留程度如何、土著居民是否同非土著学生一样享有平等的受教育权、多元文化政策实施四十余年，是否在高等教育领域实现了当初种族平等、消除种族歧视的目的，本书运用多元文化主义理论主要是对这些问题进行考察。

## 二、教育公平理论

春秋时期，孔子提出的"有教无类"可能是世界上最早的关于教育公平的论述。古希腊时期，亚里士多德又提出通过法律保障自由民的教育权利。17 世

---

① 吴金光，张志刚. 澳大利亚的多元文化主义［J］. 今日民族，2013（4）：50-53.

纪，教育家夸美纽斯提出"人人都应该知道关于人的一切事项"。19 世纪，马克思提出"教育是'人类发展的正常条件'和每一个公民的'真正利益'"。时间拉回至当代，1948 年，《世界人权宣言》规定了人人享有受教育的权利；1960 年12 月，联合国教科文组织大会详尽地阐释了教育均等的概念，明确提出这一概念由消除歧视和消除不平等两部分组成："歧视"指"基于种族、肤色、性别、语言、宗教、政治或其他观点、民族或社会出身、经济条件或家庭背景之上的任何差别，排斥、限制或给予某些人以优先权，其目的在于取消或减弱教育中的均等对待"①。不难看出，从古至今，无论是先贤哲人还是国际组织机构，都对教育公平问题十分重视。

目前，教育公平主要有五个理论流派：①源于斯宾塞学术理论的功能主义认为，教育机会均等受到学生个人内在或外在的因素影响导致教育结果的差异，从而形成新的社会不平等；②新韦伯主义流派是作为对功能主义的批判而产生的，认为教育是人达到财富、权利、社会地位、政治利益的目的的手段；③新马克思主义认为，学校教育是阶级再生产的工具；④文化再生产理论认为，教育通过文化再生产复制代际间的不平等；⑤多元文化教育理论认为，教育应当尊重差异，倡导和谐。

教育公平是社会公平在教育领域的延伸和具体体现。从经济学的观点看，教育公平实质上是教育资源合理配置的一个问题，在兼顾公平、效率和稳定的前提下，由政府、市场将有限的教育资源在各级各类教育之间、各地区之间、各学校之间进行分配，确保资源均衡配置，因此，教育效率与教育公平是教育资源合理分配的两大价值取向。从社会学的视角看，教育公平从时间段上可划分为起点公平、过程公平和结果公平，从对象层次上可划分为水平公平、垂直公平和代际公平；从法学的视角看，教育权是人的一项基本权利，教育公平指教育权得到平等的实现；从教育学的视角看，教育公平体现在入学的机会公平和课堂中的待遇公平。

---

① 马和民，高旭平. 教育社会学研究［M］. 上海：上海教育出版社，1998.

本书采用教育学视角的教育公平理论。教育家科尔曼在《关于教育机会的平等性报告》中把教育公平分为三个层次，即教育起点公平、教育过程公平以及教育结果公平，这是目前学界比较认同的观点。教育起点公平包括教育权利的平等和教育机会的平等，所有的社会成员，无论性别、民族、出身、身份、职业、地位，都有不被歧视接受同等教育的机会。在教育起点公平的基础上，在接受教育的过程中，受教育者不因种族、经济地位等受到差别对待。教育结果公平关注教育的质量，受教育者通过教育过程，获得相似的教育成效。

澳大利亚的土著学生的高等教育入学率、毕业率的水平远远低于非土著学生，造成这一现象的主要原因在于早期的教育不公。本书对教育公平理论的运用主要体现在对当前澳大利亚联邦政府及大学对土著学生高等教育入学途径政策进行分析，并借助教育公平理论对澳大利亚大学的土著学生支持措施进行探讨，探究措施制定的原因和目的，以及如何改进。

## 第二节　澳大利亚土著高等教育参与的分析视角

对澳大利亚土著高等教育参与进行理论分析，主要为了解决一个问题，即为什么一定要提高土著的高等教育参与水平？结合当前澳大利亚土著居民的社会现状及土著居民的教育历史，笔者选取了教育公平、人力资本、多元文化这三个理论视角，希望通过理论分析，从促进土著高等教育参与的原因和必要性这两个方面回答这个问题。

### 一、教育公平的视角：解决社会问题的必由之路

1967 年，澳大利亚联邦的全民公决为土著居民带来了一个重大转折，土著

居民首次被赋予了充分的公民权，其中包括一项与教育有关的重要权利，即联邦政府首次有权立法并为全国各地的土著学生提供计划支持，这直接促成了 1969 年建立的第一个英联邦土著中学助学金计划。全民公决导致联邦政府不得不为土著居民承担更多的责任，从而引发了政府对土著教育投入的增加，在此之后，联邦政府和州政府不得不对土著的教育状况加以重视。然而，教育资源不公、种族主义和歧视使得土著学生依然不能获得和非土著学生同等的教育机会以及取得同等的教育成就。2004 年的一项调查结果显示，"全国各地的教育系统为土著学生提供的教育无法达到和其他学生同等的教育水平"①。缺勤、退学、较低的英语读写水平和计算技能、文化排他性的课程以及土著学生较低的毕业率，这些多方面的原因导致土著学生无法正常地参与学校活动，但恰恰是这些活动为主流学生提供了受教育的机会，因而，土著学生取得的教育成就和非土著学生普遍存在着较大的差距，这一问题也是联邦政府和州政府关注的焦点。近几十年来，澳大利亚政府一直在寻找解决方案以解决在教育系统存在的不平等问题。

　　教育公平是社会公平的基础，也是社会和平稳定发展的关键所在。一方面，教育不公给澳大利亚社会带来了不稳定因素。自 19 世纪 20 年代起，土著活动家们为要求政府承认土著人权开展了长期的社会活动，40 年代时白人妇女也加入其中，要求停止对土著妇女人权的剥夺，并为土著家庭提供包括土地权、教育权、公民权及政治权利②。近几十年来，联邦政府出台了诸多政策对土著教育予以支持，并对土著教育给予大量的财政投入，但土著与非土著之间悬殊的教育水平差距仍然存在，土著学生的入学率、保有率、毕业率均低于非土著学生，由此导致土著的就业率、薪资水平低于非土著人群。而实现教育公平是从根本上改

　　① NSW Aboriginal Education Consultative Group Incorporated & NSW Department of Education and Training. The report of the review of aboriginal education ［R］. Darlinghurst：NSW Department of Education and Training, 2004.

　　② Merriam S B, Johnson-Bailey J, Lee M Y, Kee Y, Ntseane G, Muhamad M. Power and positionality：Negotiating insider/outsider status within and across cultures ［J］. International Journal of Lifelong Education, 2001, 20（5）：405-416.

善这一问题的必由之路，因为土著的人均收入最终可能达到什么样的水平取决于人力资本的存量，而在决定人力资本存量水平的因素中，教育是最关键的。

**二、人力资本的视角：增加人力资本存量的必要措施**

前文说到，实现教育公平可以改善土著当前就业率低、薪资水平低的问题，扭转土著阶层贫穷、落后的现状，因为通过教育可以提高劳动者的质量、劳动者的工作能力和技术水平，从而提高土著的人力资本存量。那么，教育和人力资本之间是什么关系呢？

人力资本与"物质资本"相对，是体现在劳动者身上的资本，如劳动者的知识技能、文化技术水平与健康状况等。人力资本的核心是提高人口质量，教育投资是人力投资的主要部分。人力资本理论认为，求职者的教育水平与工资高低呈正比，劳动者通过接受教育，提高自己的工作能力和技术水平，进而提高劳动生产率，提高工资水平，即"教育—劳动生产率—工资"。因此，人力资本的核心是提高人口质量，教育投资是人力投资的主要部分。简言之，教育是提高人力资本的主要手段。

显然，高技术知识程度的人力带来的产出明显高于技术程度低的人力。那么，要扭转土著贫穷、落后的生活困境，提高就业率和工资水平，首要的是提高土著的受教育水平。当前，澳大利亚土著学生的高等教育水平与澳大利亚的平均水平仍存在着不小的差距。澳大利亚教育部网站提供的高等教育学生数据整理如表 1.1、表 1.2 所示。

表 1.1　2015~2018 年澳大利亚本科生就学情况

| 年份 | 全体学生 | | | 土著学生 | | |
|------|----------|--|--|----------|--|--|
|  | 退学率（%） | 保留率（%） | 毕业率（%） | 退学率（%） | 保留率（%） | 毕业率（%） |
| 2015 | 15.03 | 84.72 | 83.68 | 24.58 | 75.10 | 69.90 |

续表

| 年份 | 全体学生 | | | 土著学生 | | |
|---|---|---|---|---|---|---|
| | 退学率（%） | 保留率（%） | 毕业率（%） | 退学率（%） | 保留率（%） | 毕业率（%） |
| 2016 | 14.39 | 85.35 | 84.06 | 24.31 | 75.42 | 70.13 |
| 2017 | 14.97 | 84.77 | 83.74 | 27.43 | 72.37 | 69.19 |
| 2018 | — | — | 84.34 | — | — | 70.94 |

资料来源：根据澳大利亚教育部官网数据整理所得。

表 1.2　2015～2018 年澳大利亚研究生就学情况

| 年份 | 全体学生 | | | 土著学生 | | |
|---|---|---|---|---|---|---|
| | 退学率（%） | 保留率（%） | 毕业率（%） | 退学率（%） | 保留率（%） | 毕业率（%） |
| 2015 | 16.35 | 81.08 | 92.85 | 21.88 | 74.63 | 81.41 |
| 2016 | 16.10 | 81.43 | 92.73 | 20.13 | 77.03 | 82.36 |
| 2017 | 16.36 | 81.08 | 92.56 | 22.94 | 73.92 | 81.76 |
| 2018 | — | — | 92.40 | — | — | 81.27 |

资料来源：根据澳大利亚教育部官网数据整理所得。

根据表 1.1 可以发现，2015～2017 年，攻读学士学位的土著学生的退学率比澳高校学生的平均水平分别高了 9.55%、9.92%、12.46%，保留率分别低了 9.62%、9.93%、12.4%；2015～2018 年，土著学生的毕业率分别比澳高校学生的平均水平低了 13.78%、13.93%、14.55%、13.4%。土著研究生的退学率和保留率与澳高校学生的平均水平相差相对较小，但毕业率仍然差距颇大，2015～2018 年，差距分别是 11.44%、10.37%、10.8%、11.13%。数据表明，在高等教育的过程中，存在着土著学生退学率高、流失率高、毕业率低的两高一低问题，其本质问题是土著学生高等教育质量低。当前，土著高等教育质量向上发展的空间较大，而提高土著学生的高等教育质量，可以有效地提高土著的人力资本存量。

从人口趋势看，根据人口普查数据，截至 2016 年，土著和托雷斯海峡岛民的人口数量达到了 798400 人，相比 2011 年增长了 19%；2016 年，土著人口大约占到澳大利亚总人口数量的 3.3%，而在 2011 年这个数字是 3%，2006 年是 2.5%①。整体来说，土著人有着更高的生育率，人口增长速度更快。

根据澳大利亚统计局公布的土著和托雷斯海峡岛民以及非土著的人口年龄结构可以看出（见图 1.1），土著和托雷斯海峡岛民的年龄结构呈金字塔状分布，而非土著人的人口结构呈橄榄球状分布。以 30 岁为界，30 岁以上的非土著人在非土著人总人口中所占的比例比 30 岁以上的土著人在土著总人口中所占的比例高，而 30 岁以下的各年龄段的土著人在土著总人口中所占的比例明显高于非土著人在非土著总人口中的比例。根据 2016 年的人口普查，土著人口年龄的中位数是 23 岁，预计在 2026 年会达到 25 岁，而澳大利亚人口的年龄中位数是 37.8 岁，到了 2026 年可能会达到 40 岁②。简言之，土著人的整体年龄结构年轻化，且年轻化的程度远远高于非土著人。

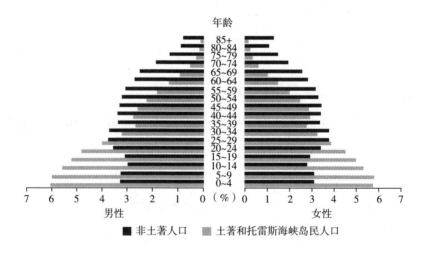

**图 1.1　澳大利亚土著和托雷斯海峡岛民以及非土著的人口年龄结构**

资料来源：澳大利亚统计局（2016 年 6 月 30 日）。

---

①② Estimates of Aboriginal and Torres Strait Islander Australians［EB/OL］. Australian Bureau of Statistics，https：//www. abs. gov. au.

根据图 1.1 可以观察出，20 岁以下的土著男性和女性大约分别占到土著总人口的 23.3% 和 22.2%，而这一年龄段的人口是目前乃至今后大约二十年间的高等教育的适龄对象。如果能够通过积极发展土著高等教育，提高土著学生的高等教育参与水平，降低退学率、流失率，提高毕业率，从人力资本的角度来说，可以实实在在地、显著地提高土著的人力资本存量。

从人口趋势上说，虽然土著人口明显少于非土著人口，但土著人口生育率更高，且更加年轻化，如果能够通过发展教育提高人口的技术水平和知识水平，培养出更多的高技术知识程度的人才，那么在与非土著人的竞争中就能拥有更强的竞争力，扭转社会对土著的歧视和误解。

人力资源是一切资源中最主要的资源，对于土著来说，通过接受更高水平的教育来提高劳动力的素质，是增加人力资本存量的主要措施，也是改变现状实现民族发展的根本。

### 三、多元文化的视角：文化繁荣的必要支撑

多元文化主义理论最早产生于加拿大。1973 年，澳大利亚移民部长拉格斯访问加拿大，把多元文化概念带回澳大利亚，并于 1973 年正式开始施行多元文化政策。1989 年，澳大利亚政府给多元文化政策确定了准确的原则和定义，具体阐述为三个范围、三项限制及八项目标原则。1995 年，澳大利亚多元文化基金会主席格宝爵士将这些冗长的内容概括为四个要点：

第一，公民要把澳大利亚的利益和前途放在首位，遵守国家的基本制度和法律。

第二，每个人在表达自己独有文化及信仰的同时，必须尊重他人的价值观和文化。

第三，在法律、就业、教育、医疗、福利等方面使每个人享有同等的机会。

第四，充分利用多元文化资源，尽量发挥每个人的长处。

由于同化政策的长期实施，澳大利亚被列入种族主义阵营，在国际社会上饱受诟病，多元文化政策的确立表现了政府消除各种社会偏见和种族歧视的决心。同时，多元文化政策的确立有助于保存不同的价值和文化，土著作为澳大利亚的第一民族，土著的价值观和文化被要求得到承认和尊重。

多元文化强调尊重不同文化，而平等是文化得以多元发展的前提。在多元文化概念里，除不同文化拥有平等的地位外，公民还享有法律、就业、教育、医疗、福利等方面的平等。那么，多元文化对土著民族又会产生什么样的影响呢？

首先，多元文化对土著人的文化认同有着积极作用。多元文化政策的实施，从一定程度上帮助土著人找回了文化自信和文化的归属感。

其次，多元文化促进了土著教育的发展。多元文化提出每个人都有平等的教育机会，而教育的普及反过来推进多元文化的进一步繁荣。教育是文化传承的重要途径之一，早期土著文化主要通过口口相传以及长者的经验传授，到了当代，除了土著社区、家庭、亲属，学校教育是系统传播和传承土著文化的重要途径。澳大利亚民族成分复杂，学校是各类文化汇集交融的场所，也是将各类文化发扬传承的场所。推动教育的发展，实际上是推动多元文化的发展。土著文化是澳大利亚多元文化的组成部分，提高土著学生的高等教育参与水平，有助于土著学生系统地了解本民族的文化。当前，在多元文化大趋势的影响下，澳大利亚大学已经开设了土著课程，旨在向所有的土著学生、土著员工讲授土著的价值观和传统文化，并帮助非土著员工了解土著文化，以更好地为土著师生提供服务，尤其是更有效地为土著学生提供支持和援助。这些措施不仅有助于保存和传承土著文化，还帮助土著学生提高了他们在高等教育中的参与率、保留率和毕业率。

总的来说，教育权也是土著居民所追求的众多平等权利中的一项，由于土著居民在很长的一段历史时期内丧失了平等的受教育权，这既造成了大量土著居民生活窘困的现状，又引发了一系列社会问题，而这些问题又不得不通过提高土著的受教育率和受教育水平来改善；当前土著大学生流失率高、毕业率低，土著群体中高技术知识程度的劳动力少，想要提高土著的人力资本存量，需要以提高土著的受教育水平为前提；多元文化政策的确立将地位岌岌可危的土著文化保存下来，并在一定程度上促进了土著教育的发展，而同时，文化的传承需要教育为其提供支撑。因此，无论是从历史上看还是从土著的现状或是未来的发展看，提高土著的高等教育参与，是实现土著民族发展的必然选择。

# 第三节　土著高等教育参与的研究框架

## 一、土著高等教育参与的影响因素

在澳大利亚的高等教育系统中，高等教育的发展主要受政府、社会、大学三种因素的整合影响，它们之间的关系是动态的，三者相互作用形成一个充满张力的脉络空间。

### （一）大学与政府

政府与大学的关系简称为"府学关系"，一直是高等教育学界关注的重要议题。在工业革命前，大学与政府的关系相对松散，政府对大学的需求往往是满足自身的统治需求。工业革命发生后，在维护统治外，政府还需要大学为国家产业的快速发展提供支持。在知识经济时代，大学在社会中的影响举足轻重，如何让大学在促进社会发展和个人发展中发挥尽可能大的作用，成为政府思考与大学关系的重点。由此可见，大学与政府的关系是随着社会环境的发展而变化的，政府如何处理与大学之间的关系，由所处的社会历史条件决定。

从政治学的视野对"府学关系"进行分析，发现"府学关系"的核心问题体现为高等教育政治权力。高等教育的重要性决定了政府要对高等教育进行必要的控制。政府通过评估和评价等措施，对教育活动、教育质量进行监督，通过财政拨款、立法、行政指令制定政策等手段对高等教育进行宏观调节和控制，引导大学在科学研究、人才培养、社会服务等方面满足国家和社会的发展需求。同时给大学充分的自主权，政府是大学的服务者、引导者和资助者，而非大学的控制者、管理者，达到政府与大学之间关系的一个比较理想的状态。

（二）大学与社会

在大学诞生之初的中世纪，其存在、教育目标与当时的农业经济社会关系疏远，大学游离在社会的边缘地带。从 17 世纪开始，大学逐渐成为为国家培养高级官僚或为地方政治、经济发展服务的高等教育机构，大学与社会的关系逐渐开始建立。19 世纪，美国威斯康星大学、康奈尔大学等大学在教学和科研职能外，拓展了社会服务这一职能，此后风靡于美国乃至世界，大学与社会的关系愈加紧密。如今，大学已经进入社会的中心，俨然成为社会的"服务站"。

在大学的发展史中，社会越来越需要大学，大学越来越依靠社会。由于大学和社会关系的密切，社会越来越多地参与大学的事务和活动。通过社会参与大学，可以帮助大学吸收外部知识、信息和各种资源，扩大大学社会服务的渠道。其中，与企业、社会组织等机构合作，可以密切大学与社会之间的关系。此外，由社会对大学的教学活动进行监督，不失为严控教育质量的有效手段。

在澳大利亚的土著高等教育发展之初，社会的参与程度较弱。当前，除了与一些企业、土著组织、社会组织的合作外，土著社区、土著家庭在高等教育中的参与趋势逐渐走强。由于土著居民在高等教育中存在着低入学率、低毕业率和高流失率的问题，而土著居民或许更懂得他们需要什么样的教育，因此密切与社会中土著居民的联系，加强社会在高等教育中的参与程度，可以有效改善这一问题。

（三）澳大利亚大学与政府、社会关系的变化

政府作为国家意志的代表，往往直接或间接地对培养高级人才的大学施加影

响。"合理的政府调控行为可分为三种类型：效度校正（市场失误），资源分配，刺激或促进形成社会和文化的目标。"① 从澳大利亚高等教育的发展历程看，20世纪80年代前，大学一直受到政府的控制，并受到少量社会力量的支配，三者之间彼此互动。赵炬明指出，参与性是治理问题的关键，在大学的主要利益相关者中由谁来管控大学是参与的核心②。从澳大利亚第一所大学建立，到20世纪70年代末，这一段时间是联邦政府对高等教育参与占据主导的阶段。

澳大利亚第一批大学建在各殖民区，两次世界大战的影响使联邦政府的权力得以加强，高等教育权也由以前的各殖民地自己负责转变为州政府和联邦政府共同掌管。而联邦政府通过控制税收等经济措施进一步削弱了州的权力，苏联人造卫星上天更加深了人们对教育的推崇和信仰，联邦政府逐渐地牢牢把握住了对澳大利亚高等教育的控制和领导，使大学唯联邦政府马首是瞻。基于伯顿·克拉克的"三角协调模式"，这一时期政府、社会、大学这三种因素对高等教育产生不同程度的影响（见图1.2），呈现出政府在高等教育中表现强势的特点。

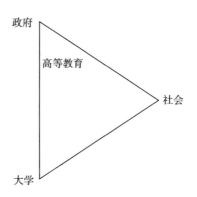

**图 1.2　政府主导时期大学、政府、社会对高等教育的影响程度**

---

① State control of degree granting：Establishment of public monopoly in Canada ［C］. Toronto：Higher Education Group, The Ontario Institute for Studies in Education, 1987.

② 赵炬明. 建立高校治理委员会制度的设想 ［J］. 中国机构改革与管理，2015（3）：19-21.

这一时期，大学的自主权较弱，土著居民虽开展了争取教育权的运动，并获取了社会进步人士的同情和支持，但对土著高等教育参与的影响较弱。得益于联邦政府政策的转变，20 世纪 70 年代，土著咨询小组（ACG）和全国土著教育委员会（NAEC）由政府任命，由此开启了土著高等教育的发展。

　　从"府学关系"的视角看，政府介入大学是必要的，政府管理大学虽有合法性的基础，但对大学的干预应控制在有限的范围内，采取适当的方式和手段，以免大学丧失自治的权利。在政府主导阶段，校长们几乎没有任何自行决定的权利，他们行动的根据是教育局的行政命令而不是当地的实际情况，探索创新性质的实验几乎没有可能①。于土著高等教育而言，政府的种族歧视政策导致土著高等教育发展迟滞，直到政策发生转变，土著高等教育才迎来发展机会。可见，政府在高等教育领域权限过大，不仅有碍于大学自治，更不利于高等教育的健康发展。

　　20 世纪 70 年代末 80 年代初，被看作"重塑政府""再造公共部门"的"新公共管理运动"在全球掀起一场提高国际竞争力和政府效率的改革浪潮。新公共管理使人们对政府的高等教育职能有了新认识：政府是大学的"掌舵者"，而非"划桨者"；政府是大学的"服务者"，而非"管制者"②。在新公共管理运动的推动下，澳大利亚政府进行了大量的优化政府职能的改革。就高等教育而言，联邦政府通过政府放权、赋予大学更大的自主权，促进公立大学和私立大学的竞争，缩减公共教育经费、大部分经费由大学自筹，以此进行高等教育的市场化改革。联邦政府虽然以经济为杠杆对高等教育进行控制，但各高校拥有了比较独立的办学自主权，这一时期，大学与政府、社会的关系如图 1.3 所示，社会因素对土著高等教育的影响力仍然较弱，政府对高等教育的控制权减弱，大学影响力上升。

---

　　① 潘顺恩. 澳大利亚新公共管理运动的概况及启示 [J]. 宏观经济研究，2005（3）：60-63.
　　② 黄建伟. 美国"府学关系"问题研究——以权力边界为切入点 [M]. 广州：广东高等教育出版社，2017.

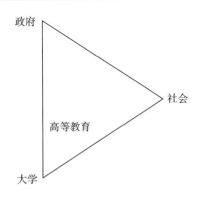

**图1.3 新公共管理运动中大学、政府、社会对高等教育的影响程度**

1987 年，道金森改革引入了市场手段，进行了高等教育一体化改革，1988~2008 年，是澳大利亚大学的一体化时期。这期间，通过高等院校合并的方式，催生了十几所新大学，在一体化的推动下，澳大利亚进入高等教育大众化时期。道金森的改革又一次加强了政府对高等教育的控制，联邦政府试图参与管理大学的招生工作、教育目标和培养计划的制定、教学内容与课程设置、教学方式和组织形式等。就土著高等教育而言，一体化时期，政府为土著高等教育提供了相当的政策支持和财政支持（见图 1.4），这也是 20 世纪 90 年代土著高等教育能够快速发展的前提。土著高等教育的发展带动了社会对土著高等教育的关注和参与，尤其是社区参与成为土著高等教育参与的重要途径，越来越多的社会组织、机构就土著高等教育相关事项与大学达成合作。

目前而言，政府、大学给予了土著高等教育相当的关注，且土著高等教育的参与模式逐渐走向成熟，土著高等教育正在向"全校参与"的方向进行改革。当前，政府颁布的土著教育政策相对完善，未来土著高等教育参与的发展会更多地需要来自大学的支持，以及来自社会的更广泛的参与。

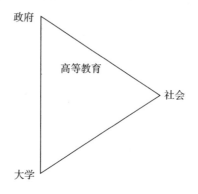

图 1.4  一体化时期大学、政府、社会对高等教育的影响程度

## 二、土著高等教育参与的原则

### （一）平等原则

平等既指教育机会的平等，也包括教育过程和教育结果的平等。受教育者不因性别、种族、身份、社会地位等因素而受到歧视，享有平等的受教育权利，拥有平等的教育的选择机会；在受教育的过程中，受教育者在享用教育资源时得到平等的对待；在完成学业时，教育结果平等，并享有平等就业的机会。教育结果的平等，是对受教育机会、权利和过程平等的有机补充。没有教育结果的平等，就不能保障主体受教育后获得相应收益的平等性，前面几项的平等也就失去了意义[①]。

土著的高等教育参与以平等原则为前提。受教育权是公民的基本权利之一，自土著居民被赋予公民权起，获得平等的受教育权更受到了法律的承认和保护，这也是社会公平和正义的内在需求。对于土著居民来说，教育机会平等不是目的，其目的是获取更大层面的社会和政治平等。在进入高等教育后，土著居民更

---

① 廖小官，李丽华．现代教育公平观构成原则探讨［J］．江西农业大学学报（社会科学版），2009（12）：134-136+164.

需要大学为教育过程的平等和教育结果的平等提供保障。

（二）社会参与原则

"社会"的概念有广义和狭义之分。广义上的"社会"指生物与环境形成的关系总和。人类的生产、消费娱乐、政治、教育等，都属于社会活动范畴。本书中的"社会"是狭义的社会，指企业、社会组织、社会公众等与大学关系密切的利益相关者或机构。社会参与，是社会分享大学治理权、共担大学发展责任的过程，比如参与大学的决策、对大学进行监督和评价等。

在土著高等教育参与中坚持社会参与的原则十分必要。大学为提高土著参与水平而开辟特殊入学方案，需要社会对大学的招生行为进行监督，做到公开、公正和公平。鉴于土著高等教育参与中存在着退学率高的问题，通过社会参与为大学提供协助或建言献策，有助于提高高等教育质量，强化高等教育过程公平。现代大学，不仅是教书育人，还承担了越来越多的社会职能，社会服务也是大学的主要职能之一。土著的高等教育参与要符合社会的需求，要有为社会服务的意识和责任，这需要社会组织、公众对大学的理解、信任和支持。

（三）补偿性原则

补偿性原则是对教育公平的进一步阐释，它既是教育公平内容的一部分，也是贯彻实施教育公平的原则之一。褚宏启（2006）认为，教育公平包含资源配置的三种合理性原则，即资源配置的平等性原则、资源配置的差异性原则、资源配置的补偿性原则[①]。平等原则包括受教育权利平等和教育机会平等，差异原则要求根据受教育者的具体情况区别对待，而补偿原则关注受教育者的经济社会地位的差距，对于处于不利地位的受教育者予以补偿。本书中的补偿原则借鉴褚宏启对补偿原则的定义。

教育资源配置的补偿原则可以贯穿教育起点、教育过程、教育结果全过程，教育补偿的对象可以是弱势地区、弱势群体。就澳大利亚高等教育而言，为确保

① 褚宏启．关于教育公平的几个基本理论问题 ［J］．中国教育学刊，2006（12）：1-4.

所有群体都有机会接受高等教育，1990 年颁布的《人人享有公平机会》（*A Fair Chance for All*）确定了六个目标群体以帮助他们参与高等教育，六个群体分别是：土著人；近十年来到澳大利亚的非英语母语的移民；残疾人；农村偏远地区居民；女性；贫困人口[①]。对这六个群体的援助涉及入学、研究、完成学业。对于本书的研究对象土著群体来说，联邦政府和大学的土著高等教育政策的出发点是给予这一弱势群体特殊照顾，以缩小土著学生与非土著学生的差距。通过对政策、措施的研究，很容易发现以"补偿"为原则的价值取向，因此，用补偿性原则分析关于土著学生的高等教育政策以及高等教育参与实践，具有很强的现实意义。

### 三、土著高等教育参与的研究框架设计

上文提到了土著高等教育参与主要受到政府和社会的影响，在促进土著高等教育参与的过程中要坚持平等原则、社会参与原则、补偿性原则，在此基础上，我们要进一步研究提高土著高等教育参与水平的具体策略和措施，本书主要研究以下内容：

第一，澳大利亚是如何促进土著的高等教育参与的？这也是本书要研究的核心问题。

第二，为什么要提高土著高等教育参与的水平？这个问题是对第一个问题的提问，也是笔者将土著高等教育参与作为研究对象的原因。探究促进土著高等教育参与的原因，实质上是探究推进土著高等教育参与的根据和动力，从而为土著高等教育参与的活动提供理论依据。本书将在对土著高等教育参与进行理论分析的基础上，发现促进土著高等教育参与的内外部因素，论证促进土著高等教育参与的必要性。

---

① Jack F, Steve L, James A S. Indigenous pathways, transitions and participation in higher education ［M］. Singapore：Springer Open, 2017：5.

第三，从土著飞地出现至今，土著高等教育参与经历了怎样的历史发展，当前的土著高等教育参与又呈现出怎样的发展态势？这个问题是对第一个问题的进一步阐释。对此，本书将根据土著高等教育的历史，分析在与政府和社会互动的各个阶段中土著高等教育参与的特点，并重点对三所澳大利亚大学的土著高等教育参与活动进行案例分析，从抽象到具体，总结出目前澳大利亚大学土著高等教育参与的特点。

第四，促进土著高等教育参与的措施有哪些？在对澳大利亚土著高等教育参与实践进行分析的基础上，找出促进土著高等教育参与的路径，并据此提出对中国少数民族高等教育发展的启示和建议。

综上所述，本书的研究框架如图 1.5 所示。

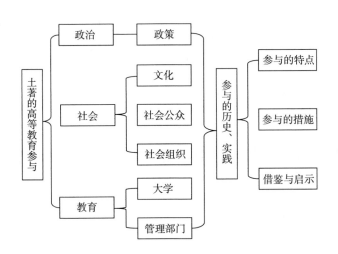

**图 1.5 本书的研究框架**

# 第二章 澳大利亚土著高等教育参与的历史沿革

教育一直以来都是澳大利亚土著社会进步与可持续性发展的重要组成部分。1959 年,玛格丽特·威尔(Margaret Weir)从墨尔本大学毕业获取体育学文凭,成为第一个从澳大利亚大学毕业的土著学生;1966 年,玛格丽特·瓦拉迪安(Margaret Valadian)从昆士兰大学获取社会学学士学位,查理·珀金斯(Charlie Perkins)从悉尼大学获取文学学士学位。而在此之前,澳大利亚的大学从未向土著学生授予过学位。通过对土著教育历史的梳理,可以帮助我们更好地理解各个时期的土著高等教育的政策,以及更好地理解澳大利亚大学为了提高土著的高等教育参与所采取的措施的动机和目的。

## 第一节 20 世纪 80 年代前土著教育的状况

在 1788 年欧洲人登陆之前,土著居民保持着复杂的社会、政治和文化亲属制度,包括习惯法、知识和学问,解释了他们对世界、土地和环境之间错综复杂的相互联系的概念理解。正如新南威尔士州研究委员会的艾莉森·卡佐（Allison Cadzow）所见，土著人拥有"以口语知识为基础、以经验和观察为基础的复杂的教育实践和体系"①，口头传授是各土著部落主要的教学方式。汉森（Hansen）引用了著名的土著教育家埃里克·威尔莫特（Eric Wilmot）的话，将传统的教学法和学习模式称为"学徒制、教育（学校教育）和自学"②。赛克斯（Sykes）进一步阐释了传统的土著教育，认为在 1788 年前，土著教育中的传统角色和教育才能的培养与西方社会所强调的"专业"类似，他指出："在传统生活中，有许多高技能的人——不仅是医生和律师，而且还有教师、地理学家、化学家、植物学家和受过通信技术培训的人员（不仅涉及生活，还涉及自然界和精神世界）。我们有语言学家、历史学家……某些人终生的职责是掌握每个方面的全部知识，并将其传递给将要取代他们的任何人。"③

从 18 世纪到 20 世纪 80 年代前，澳大利亚土著人的教育政策历史大致可以分为三个时间阶段：殖民初期、保护时代、同化时代。

### 一、殖民初期（1788~1860 年）的宗教教育

为了服务殖民统治，殖民初期的土著教育以宗教教育为主，以"开化"土著居民，促进他们的"基督教化"，消除"原始"文化的残余。宗教教育是一柄欧洲殖民者改变土著居民对土著文明的认识的利刃，如果说殖民者的到来是对土著居民的第一次毁灭性入侵，那么传教士的宗教活动便是第二次入侵。

1820 年前就已经出现了通过宗教教育"文明化"土著人的观念。在关于土著人智力的一场辩论中，新南威尔士州州长拉克兰·麦觉理（Lachlan Macquarie）

① Cadzow A. A NSW Aboriginal Education Timeline 1788-2007 ［R］. Sydney：Board of Studies NSW, 2007.

② Hansen C. Across Australia from teacher to teacher：The development of aboriginal education ［J］. Aboriginal Child at School, 1989, 17（1）：41-52.

③ Sykes R B. Incentive, achievement and community：An analysis of Black viewpoints on issues relating to Black Australian education ［M］. Sydney：Sydney University Press, 1986：30.

接受了前传教士雪莱（Shelley）的建议，认为应该对土著儿童进行某种形式的西方教育。雪莱认为，将土著儿童置于西方学习环境中会影响他们的社会观，这将对他们实现同化，阻止他们返回自己的土著社区。然而，雪莱的教育观念最终被认为是失败的，这些接受了西式教育的土著孩子虽然学会了阅读和写作，但他们最终仍然回到了自己的家庭和社区，欧洲的"文明"似乎并没有在他们的身上留下印记。

传教士雪莱的失败并没有阻挡其他传教者的脚步。1825 年，传教士兰斯洛特·塞尔克尔德（Lancelot Threlkeld）在新南威尔士州的麦觉理湖（Lake Mac-quarie）获得了 1 万英亩的土地建立传教基地，由政府提供口粮和补给品，这是澳洲大陆第一个传教设施。由于建设教会学校只需要投入较少的资金，却可以达到控制土著人、将土著人与社会隔离的效果，这笔买卖对于政府来说十分划算，因此澳大利亚的传教区获得了政府的大力支持。19 世纪三四十年代，澳洲大陆陆续建立了各种由教会管理的慈善机构和教会学校。这些学校除了教授土著儿童基本的识字能力和工作技能外，更重要的是让土著儿童了解基督教，通过基督教使他们得以"文明化"。如帕丁顿（Partington）所总结的那样，这一时期的教育被视为一条教化土著的途径，"教导他们基督教和西方的生活方式，并将他们从异教徒的生活方式中拯救出来"①。

## 二、"保护时代"（1860~1930 年）的隔离教育

1869 年，《土著保护法》在维多利亚州颁布，这是第一个影响土著人的政府法令，除塔斯马尼亚州以外，其他各州也随后陆续颁布了该法案。塔斯马尼亚州之所以没有颁布《土著保护法》，是因为彼时塔州的土著人已经灭绝。《土著保护法》实际上是一部试图控制所有土著人生活和活动的法律，基本上剥夺了土著

---

① Partington G. Perspectives on Aboriginal and Torres Strait Islander Education ［M］. Katoomba：Social Science Press，1998.

居民在生活方式、文化习俗、教育、地点、婚姻、信仰制度和就业条件方面的任何自由，土著人被迁移到保留区和传教区。在教育方面，由未经训练的教师或传教士教授土著儿童基本的读写和算术，教育的重点是实用技能，如农耕和家务。

《土著保护法》名义上是一部保护土著居民的法律，但实际上却标志着一个排斥、压迫、剥夺土著居民人权的时代的开始，同时是一个土著教育被操控的时代的开始。

1880 年，《公共指导法》在澳大利亚实施，该法案规定所有 6~14 岁的儿童都应该上学。尽管《公共指导法》为所有儿童提供了接受学校教育的基础，但是由于白人父母的反对，土著儿童进入学校依然面临着很大的阻力。虽然由于一些家长的反对，许多土著儿童被排斥在学校外，但在当地就读公立小学的土著儿童人数依然明显增加，只可惜这是一段非常短暂的改善土著儿童上学机会的时期，不久之后政府的政策转向了"保护"的概念。1883 年土著保护委员会成立，法律规定该委员会拥有控制土著居民的权力。在土著保护委员会的推动下，土著社区进一步被隔离到政府运营的保护区，土著儿童被要求只能在保护区上土著学校。

保护时期延续了上一阶段的教育政策，土著儿童继续被排除在学校系统外。土著儿童难以获得学校教育，很大程度上是由教育政策和公众态度造成的。

### 三、"同化时代"（1930~1970 年）的同化教育

从 20 世纪 30 年代开始，政府对土著居民政策的关键字由"隔离"向"同化"转变。1937 年，一次关于土著问题的联邦和州会议达成结论："土著人的命运，不在于他们的血统，而在于他们最终被英联邦人民吸收，因此要尽一切努力达成这一目的。"[1] 1939 年，新南威尔士州公共服务委员会通过调查后发现，土

---

[1]  Parbury N. Aboriginal Education – A History ［A］//R. Craven（eds.）. Teaching Aboriginal Studies ［M］. Sydney：Allen & Unwin，1999.

著教育的主要问题，不应该是种族隔离，而应当是对土著人进行同化。1940 年，土著保护委员会被废除，土著教育的责任首次移交给新南威尔士州教育部。新南威尔士州教育部响应了同化土著人这一要求，推出了"与白人平等"政策，该政策的宗旨在于将土著儿童纳入公立学校。由于长期缺乏合适的、合格的教育，土著学生的学业水平远远落后于白人学生。对此，教育部开设了单独的班级，然而班级的教师再一次由不合格的教师担任，学习的内容以实现同化为目标，以西方的文化为导向，与土著的价值观和文化毫不相关。

"豁免证书"是联邦政府同化政策的产物。1943 年，作为同化政策的辅助策略，政府首先向混血土著人提供了豁免证书，证书的持有者可以不再受到《土著保护法》的控制。按照政府的说辞，土著人一旦获取豁免证书，可以为其子女提供更好的生活，包括更好的受教育的机会，但代价是他们不许再和家人以及社区接触，也不能再保留自己的传统风俗，包括仪式、信仰，不允许再讲英语以外的其他语言。他们必须完全地吸收西方的知识，接受西方的信仰，否则将面临刑事处罚。对于接受豁免证书的土著人来说，他们有了更多的潜力融入西方社会，他们的子女也将有更多的机会过上自己想要的生活，包括拥有最重要的平等接受教育的机会。而对于那些选择继续和家人和社区待在一起，拒绝豁免证书的土著人来说，他们的孩子将被带走，并且由于资源和服务的减少，他们的生活将更加困难[1]。

这一时期，服务于同化政策的教育体现出以下特点[2]：

（1）所有州的课程都很少提及或根本没有提及土著文化。

（2）教师们普遍认为，提供与白人儿童相同的课程就是为土著学生提供平等的机会。

① Armitage A. Comparing the policy of aboriginal assimilation：Australia, Canada, and New Zealand ［M］. Vancouver：UBC Press, 1995.

② Coppell W. Education and the aboriginal child ［M］. Sydney：Macquarie University, 1974.

（3）大多数土著儿童在家里说的是与"学校英语"截然不同的"土著英语"。

（4）许多土著儿童无法理解学校里用到的词汇，因为这超出了他们的经验。

（5）土著人普遍认为教育是"白人的特权"。

（6）土著文化在统治者的阻断中幸存了下来。

（7）土著儿童对学习充满了渴望，对学校表现出归属感，有着积极融入学校生活的热情。

### 四、土著教育的转折：土著咨询小组和全国土著教育委员会的成立

土著咨询小组（Aboriginal Consultative Group，ACG）的成立是土著教育发展迈出的第一步。

1963 年，土著教育咨询委员会成立，就如何提高土著教育成果这一问题与土著居民协商。土著教育咨询委员会的成立，表明人们终于意识到土著社区和土著家庭的意见在土著教育中的重要性，然而这一委员会的成员并不包括任何土著人在内，非土著人在其中扮演着中介的角色，代替土著居民传达他们对教育的设想和意见。

1973~1977 年，政治环境的变化导致联邦政府对土著居民的态度发生了变化，实现土著教育的积极发展被提上日程。很显然，土著教育如何发展应该由土著居民自己决定，土著居民的观点和意见应成为未来议程制定的重要参考。在这样背景的推动下，1974 年 12 月，学校委员会任命了 ACG。ACG 是一个完全由土著人组成的土著委员会，由 17 名代表州和领地、教育部门、社区的土著成员和 5名国家土著协商委员会（National Aboriginal Consultative Committee，NACC）成员构成。ACG 的职权范围包括：有关土著的现行教育政策和规定；现行的土著教育资金管理模式；ACG 认为对土著的教育具有重要意义的具体事项①。

---

① Aboriginal Consultative Group. Education for aborigines：Report to the schools commission ［R］. Canberra：Schools Commission，1975.

1975 年，ACG 在《向学校委员会提交的土著教育报告》（*Education for Aborigines：Report to the Schools Commission*）中强调两个重要的调查结论①："①土著居民应该参与各级教育，并应对参与教育的进程负责且实际控制这一进程；②我们不希望将土著儿童的教育责任从各州和各领地开办的公立教育系统中移除。"

在这份报告的开头，是一首题为《一个新的曙光》（*A New Dawning*）的小诗，这既反映出这份报告对于 ACG 的意义，也反映出 ACG 与以往的任何委员会或组织不同，它自成立之日起就对土著居民和社区的教育问题进行强有力的协商和研究。更重要的是，土著居民第一次发出了自己的声音。

1975～1977 年，ACG 开展了各项研究，并向学校委员会和其他相关机构提出了高水平的建议，比如通过开展一些项目激发人们的抱负，克服未来土著居民在通过教育取得成功的道路上遇到的障碍。同时，他们也在学习如何为学生提供每一个通过承认文化差异的教育实践获得成功的机会。

ACG 的任命是为了在必要时向学校委员会及其他相关机构提供建议，帮助土著居民表达自己的心声。学校委员会在 1976～1978 年三年期报告中，肯定了 ACG 所完成的工作和提供的协助，并认可了 ACG 提出的"如果要推动土著教育向前发展，就必须要使土著居民参与决策"的观点。ACG 建构了推动土著教育政策向前发展的概念框架和基础，在 ACG 的建议下，全国土著教育委员会（National Aboriginal Education Committee，NAEC）成立，ACG 被 NAEC 所取代。

1977 年 3 月，NAEC 由自由党弗雷泽政府任命，由 19 名成员组成，其中包括一名全职主席和 18 名兼职代表，他们来自各州、各领地和托雷斯海峡群岛，代表了各个层次的教育。NAEC 将学前教育、学校教育、职业技术教育和高等教育列为工作的重点。NAEC 的职权范围包括：协助教育部门查明或向他们传达土著居民的需要；促进土著教育政策的修正和完善；就发展、推行和改善土著教育

---

① Aboriginal Consultative Group. Education for aborigines：Report to the schools commission［R］. Canberra：Schools Commission，1975.

有关的方案提供意见；监测和评估现有的计划和政策；就制定建议与有关各方进行磋商；向教育部和土著事务部提供任何其他相关建议①。

1977年4月，NAEC在堪培拉召开了第一次会议，这次会议的决议指出："任何委员会在开会决定有关土著教育的议题时，该委员会都应由至少50%的土著成员组成。"② NAEC成员认为，在全国范围内有关土著教育的决策中，土著的观点和知识并未得到适当体现。同年6月，NAEC在堪培拉召开了第二次会议，进一步决定要集中培训土著教师，并安排他们在有土著居民的学校工作，以提高非土著教师和学生对土著文化的认识和了解。两次会议后，NAEC的成员们认为，如果要认真对待与土著社区的联系，那么他们需要进入社区，而不是待在堪培拉这个金光闪闪的地方开会，他们要与土著居民见面，了解土著居民的教育经历和愿望，以便获得第一手的反馈。通过对社区的访问，NAEC成员考察了澳大利亚各地的城市、农村的土著居民面临的教育劣势，这为NAEC成员提供了一种全国性的观点，以确保他们可以充分吸收所获得的第一手信息，并激发了他们为给土著居民争取更好的教育条件而继续奋斗的动力。

与各级土著居民协商是NAEC的重要职责，在NAEC的要求下，州、领地陆续建立了土著教育咨询小组，负责为州、领地的教育部门提供建议，并贯彻落实NAEC的议程和决策。深入土著社区，建立州、领地的土著教育咨询委员会是NAEC扩大土著观点的重要战略措施，这一举措让澳洲各地的人、社区都能够听到土著人的声音。而州、领地的土著教育咨询委员会为不同的土著价值观和观点提供强有力的框架，为土著教育政策的制定做出重要贡献。

除了各州、领地土著教育咨询委员会提供支持、为政府的土著教育问题献策外，NAEC还开展了对黑人社区学校的研究以及进行了全国教师教育调查，参与

---

① Ohlsson T. One people, one voice: Stephen Albert and the National Aboriginal Education Committee ［R］. Australian Institute at Aboriginal Studies Newsletter, 1977.

② National Aboriginal Education Committee. Paper presented at the Preparing Teachers for Aboriginal Education National Conference ［C］. Perth: Mount Lawley College, 1977.

并管理了全国土著教育会议，是土著居民在国家教育领域发出自己的声音的重要推动力。NAEC 让土著居民有机会参与到自己和孩子的教育中，这是自欧洲殖民者到达澳洲大陆以来的第一次，标志着将澳大利亚整个国家纳入了土著教育的进程。

## 第二节  飞地产生——20 世纪 80 年代土著高等教育参与的开始

### 一、土著居民对教育权的争取

从被殖民起到 20 世纪 80 年代前，土著人经历了宗教教育、隔离教育和同化教育，在不同教育阶段的切换中，土著人基本被排斥在学校教育之外，但他们并没有屈服，获取平等的受教育权一直是土著居民向联邦政府谋求的合法权利之一。针对土著人的歧视政策不但受到土著居民的反抗，还遭到国际社会的谴责，白人社会中的一些进步人士也加入到反对种族歧视政策的阵营中。

随着多元文化国策的确立，澳大利亚社会趋向于多元化的发展方向，个体的主体性也越加凸显，澳大利亚土著人的主体意识逐渐增强，政治力量也逐步加强，他们渴望享有民族自决权，渴求社会的公平与正义以保障自己的权利、保有自己的文化与传统，并要求联邦政府建立平等的教育政策体系。

### 二、20 世纪 80 年代土著高等教育政策解析

"白澳政策"的长期实行促使土著与白人的矛盾日益激化，为了取得社会地位的平等和民族认同，土著居民进行了不懈的努力和斗争，促使政府在政治、经

济、文化、教育等领域出台相应的民族政策，教育政策作为民族政策的重要组成部分，得到了各级政府的日益重视和加强。

1987 年 10 月，澳大利亚政府制定了土著就业和发展政策，为促进土著就业和发展的一系列项目提供了经费资助，比如促成了若干土著居民边远地区项目和全国教师安置计划，从而为改进土著民族的教育、培训和就业提供了更多的机会。1988 年 10 月，澳大利亚政府正式颁布了"土著和托雷斯海峡岛民教育政策"（*Aboriginal and Torres Strait Islander Education Policy*，AEP）。AEP 的目的是通过各级政府的共同努力推动土著教育的发展，其目标是：土著人可以参与到教育政策的制定和教育政策实施的过程中；土著人与非土著人在教育方面享有相同的权利；土著人享有平等接受教育的权利，包括教育机会的平等和教育结果的平等。联邦政府还制定了相应的保障性措施，如制定措施保障土著人切实参与到教育政策的制定和实施中，保障土著人在接受教育和培训中的平等权利。通过各项措施的制定，保证教育目标顺利实现而不仅仅是一纸空文。同时，联邦政府还制订了若干具体计划，如土著学校经费计划、土著教育直接援助项目、土著人教育策略实施项目等，以保障 AEP 政策的实施与完成。为了改善土著的教育状况，保证各项土著教育政策能够顺利实施，自 20 世纪六七十年代起，联邦政府对土著教育的拨款逐年增加，同时政府采用贷款的形式对进入高等教育系统的土著学生提供支持，贷款的内容包括高等教育学费、住宿费、交通费等，待学生工作后从收入中扣除贷款金额。1985~1987 年，政府制订了土著民族参与计划，每年拨一定专款，资助土著居民进入高等院校。

AEP 政策的制定对土著高等教育发展来说有着深远的意义，该政策的主要目标是"实现土著居民与其他澳大利亚人在接受、参与以及完成各种形式教育中完全平等"，这项政策突出之处在于把澳大利亚非土著人的教育机会、参与和取得成果的水平制定为澳大利亚土著人的基本标准，使土著人的教育与非土著人的教育趋于均衡发展①。

1988 年，联邦政府就业、教育和培训部长约翰·道金森（John Dawkins）和土著事务部长格里·汉德议员任命了一个土著教育工作组（Aboriginal Education Taskforce）。该工作组由前国家教育委员会主席保罗·休斯担任主席，负责制定全国土著教育政策。格里·汉德部长宣布成立工作组，并说道："我们对土著教育的调查已经够多了……我们现在需要的是行动。"② 工作组的主要工作是为未来土著教育政策的制定以及资金的筹措提供建议和指导，在工作报告中指出：①政府表示打算到 2000 年，在土著居民的参与率、保留率和教育成果方面实现广泛的平等；②政府已通过《土著就业发展政策》（Aboriginal Employment Development Policy）的教育和正式培训部分做出承诺，明确教育和培训对提高土著就业状况的重要性；③州和领地政府要为教育提供资金；④要充分考虑到有关土著咨询机构和土著社区的意见；⑤联邦、州、领地政府和非政府机构制订的土著教育目标和计划，要确保它们尽可能是互补的，且有助于实现社会公平；⑥土著机构应当是独立的；⑦需要在农村和偏远社区提供足够的学校教育和校外教育资源；⑧开发合适的土著课程；⑨要提高学校的教学质量；⑩改善土著学生，尤其是农村和偏远地区的土著学生的就业；⑪提高土著学生在整个高等教育领域的比例。③

土著教育工作组进一步强调了土著居民在教育中所处的不利地位，尽管在 20 世纪 80 年代土著居民高等教育参与水平有了提高，但那是土著高等教育起点过低的缘故，而从实质上对土著居民参与教育系统造成阻碍的原因包括：①种族歧视加剧了许多土著居民在教育方面的不利地位；②无论在学校还是在所属的社区都遭受到了社会和文化的疏远（土著人的身份使他们在学校被疏远，另外由于

---

① 陈婷婷. 澳大利亚土著人教育优惠政策研究 ［D］. 西北师范大学硕士学位论文，2010.

② Department of Employment, Education and Training. Aboriginal Education Task Force asked to report urgently ［R］. Aboriginal Employment and Education News, 1988.

③ Hughes P. Report of the aboriginal education policy task force ［R］. Canberra：Department of Education, 1988：4-5.

接受了西式教育他们也不能被土著社区完全接受）；③经济困难以及较低的生活水平阻碍了土著居民参与教育，并导致学业无法顺利完成；④各级政府各部门之间缺乏协调，使许多土著居民无法接受现有的教育方案。① 工作组所提交的这份报告成为1988年以后土著教育政策制定的基础。1989年，澳大利亚联邦政府通过了《土著教育（补充援助）法案》［Aboriginal Education（Supplementary Assistance）Act 1989］。这项法案的目的是确保土著居民在接受教育方面同其他澳大利亚人享有平等权利，其中特别指出，要确保土著居民有平等机会接受中等和高等教育，土著居民参加中等和高等教育的比例要与其他澳大利亚人相当。② 该法案在解决土著教育问题上具有一定的系统性和完整性，因为它的政策不仅涉及高等教育领域，还关系到中小学教育。这一时期，高等教育还未成为土著教育政策制定的重点。

### 三、土著支持单位的初现

（一）土著飞地

飞地的概念产生于中世纪，是一种特殊的人文地理现象。狭义的飞地是特指一国位于其他国家境内或被其他国家领土所隔开而不与本国主体相毗邻的一部分领土；广义的飞地除上述国际间的飞地外，还包括国内飞地，如省际飞地、市际飞地、县域间的飞地，以民族、文化等要素划分而出现的飞地，因经济资源分布和分配等因素造成的矿区、农场、林区等飞地。广义的飞地大致可以分为三种类型：历史飞地、民族飞地、经济飞地。③

土著飞地的形成是澳大利亚的组织机构为了推动土著高等教育的发展而促成

---

① Hughes P. Report of the aboriginal education policy task force［R］. Canberra：Department of Education，1988：16.

② Australasia Office of Parliamentary Counsel. Indigenous Education（Supplementary Assistance）Act 1989［EB/OL］. http：//www. comlaw. gov. au/Details/C2004A 03932.

③ 飞地［EB/OL］. 百度百科，https：//baike. baidu. com/item/飞地/1477144#1.

的。根据 NAEC 的研究结果，1980 年，全澳大利亚只有 72 名土著教师，澳大利亚国家教师教育调查委员会接受了 NAEC 的建议，要在 1990 年前培养出 1000 名土著教师，联邦政府为这一决策提供了资金。正是在联邦政府的资助下，NAEC 得以将土著飞地的概念引入澳大利亚的高等教育系统。

飞地的引入回应了 20 世纪 80 年代初的国家土著政策议程，培养和聘任土著教师被认为是改善土著学生低入学率、低毕业率这一现象的有效措施。彼时，土著学生接受高等教育的概率很小，而飞地的设立正是为了制定专门的入学政策以吸引土著学生入学，并在入学后为他们提供帮助。在飞地成立初期，工作的重点是招收和培养学生，飞地俨然成为向土著学生提供高等教育参与机会的先驱，飞地也是澳大利亚高校土著支持单位的早期形式。

（二）飞地的实施效果

飞地计划使土著居民能够参加标准课程，在这些课程中，他们"得到与他们的文化、生活方式和教育背景相适应的额外支持"①。1985 年，众议院特别委员会土著教育报告指出："教育未能满足土著居民的需求和愿望。"② 由于土著接受教育的情况不够乐观，政府开始实施促进澳洲土著居民入学的政策且收到一些成效，由于政府的新举措，土著居民高等教育的入学率从 1984 年的 19% 增加到 1989 年的 58%。

1985 年，约旦和霍华德进行了一项研究，为土著高等教育支持的政策制定和资助决策提供信息，他们发现，飞地在吸引、保留和毕业土著教师方面发挥了重要作用。20 世纪 80 年代中期，澳大利亚政府决定将高等教育文凭课程与大学合并，从而使教师教育和护理课程从文凭课程转向本科课程，根据这一改革，飞

---

① Roger G G, Patricia C. The development of indigenous higher education: A comparative historical analysis between Australia, Canada, New Zealand, and the U.S., 1880-2005 [J]. Journal of American Indian Education, 2010 (3): 3-23.

② Reynolds R J. The search for relevance and identity: The education and socialization of Australian aboriginal students [J]. International Education, 2002, 31 (2): 21.

地和土著支持系统自动成为大学结构的一部分。

制定的特殊入学方案是飞地吸引土著和托雷斯海峡岛民学生的一项关键战略。由于学校教育的缺失，大多数土著居民没有完成中学教育，且普遍缺乏学习的意识和意愿，最初的土著入学方案以年龄较大的学生为对象，并考虑了除学历外其他有助于获得高等教育学历的个人因素，并为他们的学习进程做了特殊安排，如延长学制、制定学术准备方案和辅导等。明确要在入学后给予土著学生进一步的支持，包括个人和学术支持，以确保他们在飞地的高等教育环境中完成学业。

飞地的设置有助于土著学生在西式教育的环境中获得"归属感"，但这并不一定能带给他们良好的学习体验。1986年初，799名土著和托雷斯海峡岛民学生通过高等教育特殊入学方案进入大学，但到了年底，只有617名学生选择继续留在校园。许多高等教育中的土著学生对他们在土著支持单位中的经历感到不满，例如，Bin-Sallik在1989年进行的研究结果显示，在36个被调查的飞地项目中，有20多个项目的土著学生对他们得到的支持服务不满意[1]。伯克（Bourke）、伯登（Burden）和摩尔（Moore）在1996年进行的一项研究中发现，1/3的土著大学生认为大学的教职工表现出消极的态度；一半的土著学生在大学里感到不受欢迎；1/3的被调查者认为，土著居民对与土著有关的主题的贡献和参与程度严重不足；学生们一致认为，整个机构的课程内容缺乏土著文化和知识[2]。

尽管在实施过程中存在着一些问题，但不可否认的是，飞地计划的实施实质上帮助提高了土著学生的高等教育参与程度。休斯（Hughes）和威尔莫特（Willmot）在提交给NITE的报告中说，飞地的引入和其他具体的入学计划促使

---

① Bin-Sallik M A. Aboriginal Tertiary Education in Australia: How well is it serving the needs of Aborigines? [R]. Adelaide: South Australian College of Advanced Education, 1989.

② Bourke C J, Burden J K, Moore S. Factors affecting performance of Aboriginal and Torres Strait Islander students at Australian universities: A case study [R]. Canberra: Department of Education, Training and Youth Affairs, 1996.

合格的土著教师人数从 1977 年的 72 名增加到 1982 年的 220 名①。该报告还表明，高等学校的飞地运动受到了 NAEC 的鼓励和支持。乔丹（Jordan）和霍华德（Howard）的报告指出，在引入飞地前，全国的高等教育机构中仅注册了 85 名土著学生，到 1984 年，全国共推出了 14 个飞地项目，土著学生数量增加了 500%以上，达到 551 人②。到 1988 年时，在所有州和领地的高等院校中已经成立了 42 个土著飞地计划③。

（三）设立飞地的意义

飞地是最早的土著支持机构。培养 1000 名土著教师的计划促成了飞地的设立，目的是确保土著学生能够在高等教育中完成学科知识的学习并完成学业。部分高等教育机构实施飞地计划，为土著学生提供入学通道，并在学生入学后提供了额外的支持。虽然在 20 世纪 80 年代设立飞地的高等教育机构有限，且部分土著学生对飞地所提供的服务感到不满，但毫无疑问，飞地计划的实施促使高等教育中土著学生的入学人数显著增加，在一定程度上提高了土著学生的高等教育入学率。更重要的是，飞地为之后土著支持单位的进一步发展和完善提供了基础和经验，开启了 20 世纪 90 年代澳大利亚高等教育飞速发展的契机。

**四、全国土著教育委员会对土著高等教育的贡献**

推动土著高等教育的发展是全国土著教育委员会（NAEC）工作的重要内容之一，在 NAEC 的努力下，澳大利亚的土著高等教育取得了实质性发展。

---

① Hughes P, Willmot E. Report to the NAEC: The education and employment of Aboriginal and Torres Strait Islander teachers [R] . Canberra: National Aboriginal Education Committee, 1979.

② Jordan D F, Howard S M. Support systems for Aboriginal students in higher education institutions [R] . Adelaide: Tertiary Education Authority of South Australia, 1985.

③ Bin-Sallik M. Cultural safety: Let's name It! [J] . Australian Journal of Indigenous Education, 2003 (32): 21-28.

（一）　对第三级教育的贡献

1. 职业技术教育和继续教育

NAEC 认为，第三级教育需要灵活，并且能够满足土著社区和个人的需求。1985 年，NAEC 在其指导方针中阐述了土著居民对职业技术教育和继续教育的期望①：

（1）教育的内容由社区决定，服务整个社区的发展。

（2）课程的设计能够满足当前的或潜在的实际需求。

（3）非正式的，或在标准教育机构和结构化课程框架之外提供的。

指导方针建议，在人才类型与人才缺口不符的情况下通过规划解决土著的就业问题。同时建议，职业技术教育和继续教育应根据将要担任的职位进行。课程的设置要具有灵活性，包括全日制或非全日制课程、密集课程、过渡课程、在职培训和函授课程，以满足学员的多样选择和需求。

2. 高等教育

NAEC 强调了土著居民在广泛的专业领域取得学历的重要性，尤其是在卫生保健、教育、法律和工商管理等方面，而这些领域的专业资格被认为是土著居民向土著社区提供有效服务的重要指标。NAEC 认为，土著高等教育需要在三个方面进行变革②：

（1）通过在大学的各个领域雇佣土著人、设定就业目标、建立土著咨询委员会，以及让土著人成为大学理事会的成员等方法，让土著人参与到大学等机构的一般运作中。

（2）认可为土著而设的特殊课程是大学政策运作的一部分，为土著课程提供适当资源，包括教学设施、行政协助，并为土著员工提供就业机会。

（3）土著控制应当是提供资助的前提，或者在必要时，为确保土著控制制

---

①② National Aboriginal Education Committee. Philosophy, aims and policy guidelines for Aboriginal and Torres Strait Islander education ［R］. Canberra：Australian Government Publishing Service，1985.

定适当的时间表和计划。

（二）培养土著教师

培养土著教师对于提告土著教育的水平至关重要。由于当时的教育部门只雇人教书，教育的重点是提供白人课程，对于土著孩子来说，这样的教育不能满足个人发展的需要，于是在 1990 年前培养出 1000 名土著教师成为 NAEC 工作的重中之重。培养 1000 名土著教师的目的在于提高土著学生的学习成绩，并提高土著学生的入学率。

早在 20 世纪 70 年代中期，就已开始了针对土著教师的培训计划。教师培训项目主要由飞地承担，飞地在招收和培养土著教师方面发挥了重要作用。当时的土著教师培训计划是作为反歧视行动计划的一部分开展的。埃迪斯科文大学（Edith Cowan University）在 1976 年推出了第一个土著和托雷斯海峡岛民高等教育项目，鼓励土著人通过特殊的入学途径获得教师资格（小学）。不久之后，詹姆斯·库克大学（James Cook University）在 1973 年成立的土著教育学院的支持下开发了一些特殊项目，吸引了来自澳大利亚各地的土著学生。在高校的推动下，包括飞地在内的各项土著入学项目逐步推进，同时为土著学生提供了个人、社会和学术支持①。在 NAEC 的推动下，培养 "1000 名土著教师" 计划在关于土著教育的 1984~1987 年三年期报告中被联邦政府列为优先事项。1983 年，NAEC 召开了八次国家土著教育会议，根据会议讨论的结果，NAEC 认为按照当时的土著教师培训的进展，到 1990 年前至多只能培养出 500 名土著教师，若要实现培养 1000 名土著教师的目标，需要政府提供支持②。

除此之外，学校教育对土著居民来说效果一般，只有少数土著居民完成了高等教育，土著居民普遍对高等教育缺乏认识和渴望。为此，NAEC 推进了特殊入

---

① Jordan D F, Howard S. M. Support systems for aboriginal students in higher education institutions ［R］. Adelaide：Tertiary Education Authority of South Australia，1985.

② National Aboriginal Education Committee. Policy statement on teacher education for Aborigines and Torres Strait Islanders ［R］. Canberra：Australian Government Publishing Service，1986.

学项目，帮助年龄较大的成年土著学生进入高等教育系统，延长他们的就学时间，开设学术准备课程和课业辅导。在飞地等土著支持单位的作用下，1985年，进入高等教育机构的土著学生的数量大大增加，且随着20世纪80年代中后期高等院校与大学合并浪潮的出现，土著支持单位、学校自动成为大学结构的一部分。1990年，培养1000名土著教师的目标成功实现。1000名土著教师计划的实施，为土著学生打开了高等教育之门。

## 第三节　飞速扩张——20世纪90年代土著高等教育参与的发展

### 一、20世纪90年代土著高等教育政策解读

《人人享有公平机会》（*A Fair Chance for All*）是20世纪90年代十分重要的一个文件，也是澳大利亚高等教育平等框架的重要构成部分。1990年，澳大利亚高等教育委员会联合就业、教育与培训部共同发布了《人人享有公平机会》，文件提出，要确保社会上的所有群体都有机会接受高等教育，尤其强调要改善土著人的学历教育，让更多土著人能够接受本科甚至研究生教育，在五年内使土著学生人数增加50%，提高土著学生在法律、商业、管理、药学、保健等方面的比例，并提高土著学生毕业率。此外，这份文件中还明确定义了高等教育的总体公平目标："确保澳大利亚社会各群体都有机会成功地参与高等教育"；要为每个被认定在接受高等教育方面处于不利地位的群体制定国家公平目标和指标，并提出一系列战略，以协助各机构进行规划；列出联邦政府和各院校在实现国家公平目标方面的责任，因为"政府认为，实现更公平的高等教育体系需要联邦政府和

各高等院校的共同承诺和共同努力"①。在这份文件中,土著和托雷斯海峡岛民和低社会经济背景人口、妇女、残疾人、非英语母语人口、农村和偏远地区人口一起被列为政策实施的目标群体。《人人享有公平机会》中阐明的目标是解决大学入学机会不平衡的问题,从而"改变学生人数的数量平衡以更准确地反映整个社会的构成"②。

1990年,联邦政府颁布《土著和托雷斯海峡岛民国家教育政策——21个国家目标》[*The National Aboriginal and Torres Strait Islander Education Policy (AEP) — Twenty One Agreed National Goals*],这是澳大利亚关于土著民族教育的基本政策,期望通过土著教育策略行动项目(Education Strategic Initiatives Program)和土著教育直接援助(Indigenous Education Direct Assistance)在2000年实现土著民族教育公平。

随着社会经济的发展,土著民族聚居区的经济发展水平与整个社会其他地区相比仍然较为滞后,为了推进国家经济的整体进步,促进土著民族聚居区的经济发展,政府进一步加大了对土著高等教育的支持力度。联邦政府拨出的资金将用于与澳大利亚各地的所有高等教育机构进行谈判,以鼓励各高校实施飞地项目或建立土著学生支持系统。这笔资金被命名为土著支持计划(Indigenous Support Program, ISP),并通过2003年高等教育学生支持法案立法。有了这笔资金,土著学生手里拿着钱敲开大学的门,请求进入大学。多年来,ISP的资金成为土著居民和托雷斯海峡岛民接受高等教育的唯一资金来源,直到今天,ISP仍在帮助着更多的土著学生进入高等学校去追求他们的高等教育梦想。同时,ISP还为切实提高土著学生入学率、毕业率和降低土著学生辍学率的大学提供资助。

---

①② Department of Education, Employment and Training. A fair chance for all: National and institutional planning for equity in higher education [R]. Canberra: Australian Government Publishing Service, 1990.

## 二、土著高等教育的快速发展

1990 年，工党政府提出《人人享有公平机会》（*A Fair Chance for All*）政策文件以来，土著居民和托雷斯海峡岛民参与高等教育的情况发生了巨大的变化。该文件提出了一些关于土著居民和托雷斯海峡岛民参与高等教育的建议，以期到 1995 年将土著学生的高等教育参与率提高 60%①。它还概述了如何把土著学生支持中心、学习支持、替代入学以及其他土著支持项目作为实现公平的重点。通过在大学中成立这些土著项目，越来越多的土著居民开始参与高等教育，明显提高了土著学生的高等教育参与水平。

1993 年，在澳大利亚卧龙岗（Wollongong）举行的世界土著民族教育会议（World Indigenous Peoples Conference on Education，WIPCE）提出了关于土著人民教育权利的《库兰加塔宣言》（*Coolangatta Statement on Indigenous Peoples' Rights in Education*），最终文件于 1999 年在夏威夷举行的世界土著民族教育会议上面世。《库兰加塔宣言》汇集了世界各地土著人民的声音，代表了他们的各种知识、经验和愿望，这份宣言还涉及土著居民的教育改革和转型教育，以应对西方教育体系长期以来不能满足全球土著人民的整体教育需求的情况。该声明阐明了"土著人民有权利通过教育成为真正的土著人——这种权利包括承认、尊重土著人民语言、文化、传统和精神"，当下的土著人民要为实现这一目标而斗争②。

《库兰加塔宣言》汇集了代表教育、土地、知识、语言和文化等土著权利自决的国际人权宣言和文件。所有这些文件和声明的中心都是土著人的人权，该声明呼吁有必要采取行动，通过教育获得自决权，并从根本上接受土著"文化、知

① Department of Education, Employment and Training. A fair chance for all: National and institutional planning for equity in higher education ［R］. Canberra: Australian Government Publishing Service, 1990.

② Indigenous Peoples Conference on Education. Coolangatta Statement on Indigenous Peoples' Rights in Education ［R］. Hilo, Hawaii, 1999.

识和智慧",以在当代环境中造福土著社区和个人①。

在制定《库兰加塔宣言》的同时,该领域的土著和托雷斯海峡岛民学者正在讨论建立全国土著和托雷斯海峡岛民网络的必要性。20 世纪 90 年代,土著和托雷斯海峡岛民支持系统/服务中心已经扩大,纳入了土著的学习和教学,开发了土著课程,由于土著和托雷斯海峡岛民学者数量的增加还引进了土著研究中心,促使相关部门认识到土著研究的重要性以及通过研究赋予土著社区权力的必要性。1996 年,澳大利亚政府制定了一项倡议,根据竞争性投标程序,为一些大学的优秀土著研究中心提供资助。1994 年,澳大利亚土著高等教育协会(Indigenous Australian Higher Education Association,IAHEA)成立,由科林·伯克(Colin Bourke)教授主持,同时他还领导了南澳大利亚大学的首届土著和托雷斯海峡岛民研究学院,他是第一位在大学中担任高级职位的土著人。20 世纪 90 年代后期,澳大利亚土著高等教育协会成为澳大利亚国家土著高等教育网络(National Indigenous Higher Education Network,NIHEN)的一部分。

财政资助是决定土著高等教育发展程度的关键,20 世纪 90 年代是土著高等教育飞速发展的时期,在这一阶段,土著的高等教育经费明显增加。1998 年的《高等教育资助法案》规定,联邦政府将设立土著居民资助金,支持意在提高土著民族的高等教育入学率的各种活动。政府不仅拨专款用于提高土著学生的入学率,还制定全国范围的教育目标以保证土著学生的教育质量,同时把大量的经费投入到土著学生的教育发展方面,并有意识地向土著民族地区倾斜。从 1998 年起,这一资助项目分别以 50%的资金用于提高土著学生参与率、35%用于促进土著学生的学业进步、15%用于土著学生的奖学金的比例分配给各高校,到了 2004 年,这一项目的资助经费增加到了 2.488 亿美元②。

① Indigenous Peoples Conference on Education. Coolangatta Statement on Indigenous Peoples' Rights in Education [R]. Hilo, Hawaii, 1999.

② 吴明海. 中外民族教育政策史纲 [M]. 北京:中央民族大学出版社,2006.

# 第四节 向"全校参与"转变——21世纪以来土著高等教育变革

## 一、新世纪初土著高等教育政策分析

进入21世纪，联邦政府逐渐认识到提高土著高等教育发展水平在促进经济社会发展方面的关键作用。然而，要实现土著高等教育的进一步发展，需要建立一种新的政策体制来打破只注重提高土著高等教育参与水平的旧的政策范式。在关注土著高等教育参与水平且兼顾公平的基础上，新的政策体系更加关注教育成果的质量。这一观念的转变促使高等教育成为各项土著政策或议程制定时考虑的重点问题，毕竟到目前为止高等教育还未成为土著政策的核心。《土著和托雷斯海峡岛民教育行动计划（2010—2014）》（*Aboriginal and Torres Strait Islander Education Action Plan* 2010–2014）虽然注意到高等教育的重要性，但并没有提出具体建议，直到开展了一些更具体的政策工作后才提出建议。

2000年，澳大利亚联邦政府出台了《土著居民教育（目标援助）法案》[*Indigenous Education（Targeted Assistance）Act* 2000]，又于2004年对法案进行了修订并开始实施。该法案主要是通过增加拨款来支持和发展土著居民教育，通过制定具体的条款对法案条例如何实施、资助经费如何运作做出明确规定，法案的实施对象为：澳大利亚首都地区和北方地区的土著居民和托雷斯海峡岛民后裔；教育的提供者，包括州、领地有关部门；第三级教育机构；管理教育系统的机构或个人；有资格进行教育研究或提供教育相关意见的个人；职业教育和培训机构（不以营利为目的，被所在州和地区官方登记为提供职业教育和培训的机构、被认定为有获得资金支持资格的机构、所提供的课程是国家或地区所认证要求的职业教育和培训课程）。法案实施的目的是为土著居民提供公平、良好的教育，以及提高土著居民在教育决策中的参与程度，并为土著居民发展文化教育服务。法案详细地规定了土著居民学习资助计划的认证课程，包括土著居民的远程教育课程、聚居地课程、高等教育机构或职业教育与培训机构的课程等。法案逐年增加对学前教育、中小学教育、职业教育和培训等部门的拨款额度，且增加了资助对象，其中包括为使用土著语言的学生学习英语提供资助、提供短期的特殊资助，以及为土著青年的学习项目提供资助。

2005 年，高等教育咨询委员会颁布了七个条例以增加大学中的土著人数，其中包括鼓励大学与技术学院、职业教育和职业训练机构合作，为土著居民接受高等教育提供更多的途径。2008 年，《国家土著改革协议》［national indigenous reform agreement（Closing the Gap）］制定了为土著民族缩小教育差距的政策的原则、目标和表现指标，以及政府为实现目标要采取的具体步骤。为了进一步缩小土著民族与非土著民族的教育差距，2010 年，澳大利亚联邦政府出台了《土著与托雷斯海峡岛民教育行动计划（2010—2014）》，该计划详细说明了教育对土著儿童和青年的重要性，试图通过普及土著学前教育，提高土著读、写、算水平，缩小土著与非土著的教育水平差距。该计划作为国家改革的重要内容受到了澳大利亚教育部和澳大利亚政府委员会的重视。紧接着，联邦政府出台了《土著经济发展战略（2011—2018）》（Indigenous Economic Development Strategy 2011-2018），这份文件详细介绍了澳大利亚政府的政策框架，投资教育是其中的重点工作之一，意在通过更大程度地参与经济来改善澳大利亚土著人的个人生活条件和经济状况，使土著与非土著享有同样的教育、创业、就业的机会，共享澳大利亚经济发展带来的公共效益。从澳大利亚政府出台的政策可以看出，在土著高等教育方面，澳大利亚政府一直在致力于提高其高等教育水平，缩小土著人与非土著人在高等教育上的差距。

自 NAEC 成立以来，土著居民在教育领域的参与度不断提高，尽管如此，土著居民与非土著居民在教育上仍存在很大的差距。2012 年，政府开展了一项关于土著和托雷斯海峡岛民教育机会和教育结果的审查，被称为《贝伦特评论》（*Behrendt Review*），这一审查的范围包括中学教育、职业教育和培训部门与高等教育之间的关系、大学系统对土著学生需求的支持、增加土著工作人员数量的战略、土著研究和土著教学等内容。结果显示："尽管近几十年来取得了重大进展，但土著居民和托雷斯海峡岛民在澳大利亚大学中的比例仍然很低。"①此外，《贝伦特评论》还关注了教育成果的质量，审查的数据显示，尽管参与人数有所增加，但土著学生的学业完成情况落后于非土著学生。报告建议，增加对土著高等教育的资助项目，以及为土著学生提供学术支持等。

## 二、土著高等教育进展

1987 年，《道金森高等教育白皮书》（*Dawkins White Paper on Higher Education*）指出，当时的土著学生人数为 2000 名学生，占学生总数的 0.5%②，根据澳大利亚统计局的数据，这大约相当于当时的人口均等率的 1/3（1991 年为 1.6%），即按照当年土著人口占总人口的比率，土著学生应占到学生总数的 1.6%；1990 年的《人人享有公平机会》进一步细化了这一数据，突出显示所有土著和托雷斯海峡岛民中只有 2% 的人参加了高等教育，并且偏重于职业教育级别的课程，他们获取的通常是文凭，而不是学位；2014 年，土著和托雷斯海峡岛民学生占学生总数的 1.1%。虽然数据显示随着时间的推移土著学生人数有所增加，但仍仅达到当年人口均等率的 1/3（2011 年为 3%），且这一数据比起 2008 年的 1.2% 有所下降③。

---

①　Behrendt L. Review of higher education access and outcomes for aboriginal and Torres Strait Islander People ［R］. Canberra，2012：4.

②　Dawkins J S. Higher education：A policy statement（White paper；）［R］. Canberra：Australian Government Publishing Service，1988.

③　Andrew H，Matthew B. Student equity in Australian higher education：Twenty-five years of a fair chance for all ［M］. Singapore：Springer，2016.

在过去十几年中，由于取消了学生人数的限制，澳大利亚的大学生人数大幅增加，土著和托雷斯海峡岛民学生人数也遵循了这一趋势。2008 年，参加高等教育的土著学生人数为 9490 人；2013 年，这一数字已增至 13781 人，几乎是 1987 年的入学率的 7 倍。考虑到土著人口的年轻化，土著学生的入学人数很可能会进一步增加[1]。

尽管呈现出土著学生人数增加这一良性趋势，但根据《贝伦特评论》，在高等教育的过程中，土著学生有着较高的流失率和肄业率，以及较低的升学率[2]。这表明，土著学生无论是在进入高等教育系统之前还是在进入高等教育系统之后，都面临着严峻的挑战。这一调查结果还表明，先前的策略还不够完善，仅把注意力放在成立更多的土著支持单位以招收更多的土著学生，却没能在学生入学后提供及时的学业辅导和生活帮助，这样的做法是有问题的。这是一个重要的反思，因为在整个 20 世纪 80 年代末 90 年代初，澳大利亚高等教育中的土著支持项目在稳步增加，这些支持单位已牢固地嵌入澳大利亚几乎所有的高等教育机构中[3]。但不可否认的是，土著支持单位的显著增长为更多的土著人参与高等教育提供了支持。

随着土著支持单位数量的增加，土著学生的数量也在不断上涨，要想帮助土著学生顺利地融入到高等教育中，在第一年的学习期间完成从中学到大学的过渡显得尤为重要，配套的土著学生能力培养方案随之产生。许多大学在入学前开设了夏令营和"品尝师日"（Taster Days），或者为学生提供免费住宿或高额的住宿、旅行补贴，以参加"远离基地计划"（Away From Base Program），除此之外，

① Andrew H, Matthew B. Student equity in Australian higher education: Twenty-five years of a fair chance for all [M]. Singapore: Springer, 2016.

② Behrendt L. Review of higher education access and outcomes for Aboriginal and Torres Strait Islander People [R]. Canberra, 2012: 4.

③ Pechenkina E, Anderson I. Background paper on indigenous Australian higher education: Trends, initiatives and policy implications [R]. Canberra: Department of Education Employment and Workplace Relations, 2011.

还有提供识字和算术能力辅导、土著学术准备和衔接项目、土著指导和辅导，以及提供土著学生奖学金等。通过这些措施，促使土著学生在进入大学时就感受到他们是受到关注、支持和帮助的，从而促进教育过程和教育结果的平等。

### 三、"全校参与"模式的土著高等教育改革

进入 21 世纪，土著高等教育的发展已经取得了很大的进展，但发生在土著高等教育领域的变革还在继续，土著政策和战略的实施情况仍在评估中不断改进。《贝伦特评论》（*Behrendt Review*）、《澳大利亚大学》（*Australian Universities*）、《土著战略 2017—2020》（*Indigenous Strategy 2017–2020*）、《实施"全校参与"促进土著居民入学和成功》（*Implementing a Whole-of-University Approach to Improving Indigenous Access and Achievement*）等报告、文献为土著和托雷斯海峡岛民高等教育实施"全校参与"的方法提供了建议，也为"全校参与"成为土著和托雷斯海峡岛民高等教育下一步的发展战略奠定了基础。目前，关于"全校参与"实施方法的文献还很少，一些文献通过对一些大学的具体做法进行分析，尝试着构建出"全校参与"的模式。如《贝伦特评论》通过对纽卡斯尔大学、悉尼科技大学和悉尼大学这三所大学的土著和托雷斯海峡岛民高等教育相关措施的实施，描绘出什么是"全校参与"，报告的第十条建议还提到"大学应采用'全校参与'的方式培养土著和托雷斯海峡岛民学生，在土著支持单位的帮助下，院系对支持土著和托雷斯海峡岛民学生负有主要责任"[①]。又如《实施"全校参与"的方法促进土著居民入学和成功》指出，基于每所大学的结构和文化，各个大学可以有很多实施"全校参与"的方案，而且每种方法都有可能取得成功，也就是说没有一个统一的"全校参与"模式能够适合每所大学。

2017 年，国家土著和托雷斯海峡岛民高等教育联盟（The National Aboriginal

---

① Behrendt L. Review of higher education access and outcomes for Aboriginal and Torres Strait Islander People［R］. Canberra, 2012: 64.

and Torres Strait Islander Higher Education Consortium，NATSIHEC）受联邦教育部委托做出了一份《促进土著高等教育咨询报告》（*NATSIHEC Accelerating Indigenous Higher Education Consultation Paper*），其中包括对"全校参与"模式的指导方针的调查，为"全校参与"模式提供了多方面的建议。报告建议大学在全校范围内采取措施，其中包括：在副校长的领导下，制定清晰的策略，明确职责和资源分配；由土著和托雷斯海峡岛民担任高等教育高级管理人员的领导职位，如副校长（土著）、高级教师以及大学的领导，以便为大学的改革提供专业的领导；制定并实施"全校参与"的土著战略，其中包括一个总的土著战略，以及与土著教学和学习、土著研究等领域相关的其他支持战略；制定并落实整体战略的实施方案；在大学的所有战略计划中明确对土著和托雷斯海峡岛民的承诺；制定大学核心领域的关键绩效指标，并向相关核心领域的副校长和常务副校长问责；实施和解行动计划和相关计划，在更大的范围内补充大学战略和《澳大利亚大学土著战略（2017—2020 年）》。

《促进土著高等教育咨询报告》中所呈现的调研结果显示，通过对澳大利亚各大学、社区和公共部门联合会、全国高等教育联合会、澳大利亚大学、研究生协会全国联合会的土著和托雷斯海峡岛民领导人的调查，有 93.33% 的受访者支持对土著和托雷斯海峡岛民的高等教育采用"全校参与"的方法，且受访者将"全校参与"模式定义为一种对土著和托雷斯海峡岛民高等教育的有凝聚力和包容性的方法，由副校长和高级管理人员自上而下领导，并由该机构的土著教育单位提供指导。此外，战略、政策和关键绩效指标或其他测量和问责手段，应由土著教育单位与学院和部门协作开展。调查结果还显示，"全校参与"方式得到了大学副校长及高层领导的大力支持。80% 以上的受访者认为"全校参与"的特征应包括六点：①任命高级管理人员；②颁布"全校参与"土著战略；③有战略计划和绩效指标；④"全校参与"土著课程框架；⑤健全"全校参与"的治理结构；⑥成立高级参与和大学委员会。① 研究结果还显示，"全校参与"策略旨在改善土著和托雷斯海峡岛民学生的入学、参与和成功，然而这其中缺乏教师的参与，受访者认为，高级行政人员、大学校长、校董会应当领导践行"全校参与"这一倡议②。

2016 年 10 月，在全国土著和托雷斯海峡岛民高等教育联盟的促成下，为促进土著和托雷斯海峡岛民高等教育的"全校参与"模式的圆桌会议在阿德莱德举行。会议工作组认为，目前澳大利亚没有一所大学是以完全有效的方式实施"全校参与"。最近的一项调查显示，1/3 的大学在土著政策的"全校参与"模式上做得很好，1/3 处于平均水平，还有 1/3 做法欠佳。工作组还表示，土著教育中心是目前大学内承担土著高等教育相关工作的核心单位，它能够为土著和托雷斯海峡岛民学生提供支持并推进"全校参与"顺利开展。因而土著教育中心所承担的工作对学生来说是至关重要的，土著教育中心的角色和作用不能因为"全校参与"模式的实施而被削弱。工作组还认为，当前对"全校参与"进行评估为时尚早，但不可否认的是，采用"全校参与"模式的大学往往会取得更好的发展成果③。

尽管目前还没有形成"全校参与"的固定模式，正在实施"全校参与"的大学也处在"摸着石头过河"的阶段，但可以确定的是，"全校参与"模式是今后一段时期内大学促进土著和托雷斯海峡岛民高等教育发展的趋势。土著和托雷斯海峡岛民学生就读于大学的各个学院，他们的活动范围涉及大学的各个领域、

①　Leanne Holt, Steve Larkin, Peter Anderson, et al. NATSIHEC Accelerating Indigenous Higher Education Consultation Paper ［EB/OL］. https：//eprints. qut. edu. au/197728/1/NATSIHEC _% 2BAIHE _ FinaL _% 2BReport%2BJan%2B2018_ updated_ 031218. pdf.

②　Buckskin Peter, Tranthim-Fryer Mark, Holt Leanne, et al. NATSIHEC Accelerating Indigenous Higher Education Consultation Paper ［R］. National Aboriginal and Torres Strait Islander Higher Education Consortium, Australia, 2018：52.

③　Buckskin Peter, Tranthim-Fryer Mark, Holt Leanne, et al. NATSIHEC Accelerating Indigenous Higher Education Consultation Paper ［R］. National Aboriginal and Torres Strait Islander Higher Education Consortium, Australia, 2018：55.

各个机构、各个部门，因此，大学应让全校参与到与土著和托雷斯海峡岛民学生的交往中。同时"全校参与"模式应当体现出大学对土著和托雷斯海峡岛民知识、经验和实践的认同和尊重。

# 第五节　小结

从 1788 年的殖民入侵起，在经历了殖民初期的宗教教育、"保护时代"的隔离教育、"同化时代"的同化教育后，20 世纪 80 年代前后，澳大利亚的土著高等教育正式步入了发展的轨道。从 80 年代至今，澳大利亚的土著高等教育经历了大约四十年的发展历程，这四十年的发展大致分为三个阶段：萌芽阶段、飞速发展阶段、"全校参与"改革阶段。

20 世纪 80 年代是萌芽阶段的开始，标志是出现了土著飞地。80 年代初期，在全国土著教育委员会（NAEC）的推动下实施了一项在 1990 年前毕业 1000 名土著教师的计划，彼时的大学被认为是一个隔绝土著居民的地方，为了保障计划的成功实施，NAEC 与国家土著教育咨询小组一起与大学和高等教育学院谈判，最终达成一致，引进飞地项目，其主要目的是招收土著和托雷斯海峡岛民进行教师教育培训。在后续，飞地工作的重点是吸引和留住所有的进入高等教育机构的土著学生。飞地计划的实施为高等教育部门带来了巨大变革，它们是向土著和托雷斯海峡岛民学生提供高等教育机会和支持的先驱，新模式下的土著高等教育更加注重自决和自治。虽然此时的土著飞地还处在高等教育机构的边缘地带，但通过在大学和学院中建立土著飞地，80 年代成为土著居民参与高等教育的转折点。80 年代末，在道金森改革的影响下，高等教育学院与大学合并，飞地进入大学，并被改称为土著支持单位。在整个 80 年代，土著高等教育参与主要受到政治因素的影响，从飞地的出现到飞地进入大学，都是在政府的主导下进行的。

20 世纪 90 年代，土著高等教育进入发展的快车道，在土著支持单位的努力下大学中土著学生的数量明显增长。同时，土著支持单位开发了土著课程并引入了土著研究中心，部分表现杰出的土著研究中心还获得了联邦政府的资助。这一时期的土著支持单位设置在大学学院内。与 20 世纪 80 年代不同，90 年代的大学虽然被联邦政府主导，但这一时期的大学较多地发挥了主观能动性，能够根据社会的需求制定土著高等教育参与的方针和策略。

经过 20 世纪 90 年代土著高等教育的快速发展时期，到了 21 世纪，土著的高等教育参与水平得到了显著提高，在土著支持单位的努力下，土著大学生人数大幅增加。这时的土著支持单位有的仍设置在学院，有的已经转变为大学内的独立机构，由大学的副校长（土著）负责。这一时期，"全校参与"逐渐成为土著高等教育发展的趋势。

# 第三章　澳大利亚大学土著高等教育参与的典型案例

通过前文对土著高等教育参与历史脉络的梳理，形成了对土著高等教育参与的发展规律的基本认识。土著高等教育参与的理念最终要通过具体的实践体现，大学作为澳大利亚土著高等教育参与的主体，对大学的土著高等教育参与实践进行分析，有助于形成对土著高等教育参与的具体认识。本章选取纽卡斯尔大学、麦考瑞大学、悉尼大学这三所大学作为澳大利亚大学典型案例的分析对象。

纽卡斯尔大学是澳大利亚大学中较早重视土著高等教育的大学之一，其在20世纪80年代便已开始着手发展土著高等教育，在土著高等教育方面也取得了耀目的成就，其制定的土著文化标准更是得到了世界高等教育联盟的认证，在澳大利亚大学中处于标杆地位。

麦考瑞大学于20世纪90年代开始重视土著高等教育的发展问题，与纽卡斯尔大学相反，麦考瑞大学的土著高等教育参与水平较低、发展较慢，学校内土著和托雷斯海峡岛民学生、教职员工数量都较少。但近十年来，麦考瑞大学对土著高等教育参与的问题给予了足够多的重视，其土著支持单位瓦兰加·穆鲁进行了多方面的努力，通过制定、完善土著高等教育参与的战略、计划，逐步改善了麦考瑞大学土著和托雷斯海峡岛民职工、学生的高等教育参与情况。

麦考瑞大学的实践代表了新兴大学在土著高等教育参与问题上奋起直追、努力完善、积极进取的形象。

　　悉尼大学是澳大利亚最古老的大学，也是澳大利亚文化底蕴最为深厚的大学之一，1966 年培养出了全澳第一位获得文学学士学位的土著学生，但在发展土著高等教育方面起步较晚，直到 2008 年后才把发展土著高等教育参与的问题纳入大学工作的重点，其土著战略和措施的框架与其他大学相似。悉尼大学的实践在一定程度上代表了老牌大学在发展土著高等教育参与方面，借助悠久历史积累下的文化资源以及校方丰富的社会资源，虽然起步晚但在短时间内依然可以取得较好成果。

　　同时，这三所大学的战略、措施较为完备和全面，较好地体现了 21 世纪以来澳大利亚大学土著高等教育"全校参与"的发展模式。

# 第一节　纽卡斯尔大学——Wollotuka 学院的成功经验

　　纽卡斯尔大学（The University of Newcastle）位于新南威尔士州的纽卡斯尔市，原为新南威尔士大学纽卡斯尔分校，后于 1965 年独立建校，是澳大利亚创新研究联盟（IRU Australia）成员。1983 年，纽卡斯尔高等教育学院成立了沃鲁图卡（Wollotuka①），为澳大利亚的土著学生提供支持。1989 年，纽卡斯尔高等教育学院与纽卡斯尔大学合并，沃鲁图卡获得了进一步发展。自 1983 年以来，沃鲁图卡为在大学学习的土著居民提供了有力支持。20 世纪 90 年代初，沃鲁图卡的业务已扩展到学生支持，并开始设计和提供课程，以提高纽卡斯尔大学的土著和托雷斯海峡岛民的参与度和公平性。沃鲁图卡提供的第一门课程是"土著衔接计划"（后来被"Yapug 土著和托雷斯海峡岛民支持计划"所取代）。随着沃

---

　　①　Wollotuka 在 Awabakal 语言中指"饮食和聚会的场所"。

鲁图卡的作用不断增强，到 20 世纪 90 年代后期，沃鲁图卡俨然已经成为向本科生和研究生提供土著研究课程的主要提供者。

除了教学和课程开发，沃鲁图卡还为在纽卡斯尔大学学习的所有土著和托雷斯海峡岛民学生提供持续的支持服务。1996 年底，沃鲁图卡获得了联邦政府的资助，以建立澳大利亚土著高等教育研究中心。1999 年，在外部审查的建议下，沃鲁图卡和澳大利亚土著高等教育研究中心合并。2005 年，土著支持中心从沃鲁图卡土著研究学院分离出来，直接向副校长（学术）负责。2009 年初，沃鲁图卡学院正式成立，具体职能包括①：

（1）教与学：沃鲁图卡学院除为 17 岁及 17 岁以上的土著学生设计课程外，还开设了土著研究课程提供给全校学生学习、使用，同时提供土著研究学士学位课程，以及硕士和博士学位的研究生课程。

（2）研究与创新：澳大利亚土著高等教育研究中心是澳洲东海岸唯一的土著研究中心，也是沃鲁图卡学院从事研究活动的主要承担单位，其研究人员获得了澳大利亚研究委员会给予的土著研究员资助。此外，该机构在培养研究型学生方面也取得了优异成绩。

（3）土著学生的参与和体验：土著学生参与和体验团队负责为土著学生提供服务帮助他们轻松愉快地完成学业，还为个别学生提供学术资源或个性化辅导，帮助完成学业；沃鲁图卡学院为纽卡斯尔大学的土著学生以及申请入学者提供协助以申请奖学金和住宿。

（4）社区参与：沃鲁图卡学院重视与土著社区、澳大利亚的其他社区以及国际社区的联系，建立了社区参与项目组合，以进一步加强与社区的联系，其目的是通过与校内外社区、教育合作伙伴的互动，使他们了解沃鲁图卡学院和纽卡斯尔大学的角色和职能。

---

① The Wollotuka Institute［EB/OL］. https：//www.newcastle.edu.au/our-uni/indigenous-collaboration/the-wollotuka-institute.

（5）土著员工的就业与发展：为土著员工提供条件以促进土著员工的专业和个人成长，同时为土著求职者提供协助，帮助他们在纽卡斯尔大学找到一份工作。

沃鲁图卡学院是一个由土著和托雷斯海峡岛民教育与研究委员会监管的单位，所有成员都是土著人，负责纽卡斯尔大学开展的所有与土著有关的工作和活动。2016 年，纽卡斯尔大学首任土著战略副校长就任，引领纽卡斯尔大学的土著教育工作，并监督沃鲁图卡学院的工作。

### 一、文化标准确立

2013 年，沃鲁图卡学院与土著社区和长者（Nguraki）委员会合作，根据土著居民的价值观制定了一套文化标准，其核心原则包括尊重和纪念、社区响应、文化庆祝、学术和研究以及机构内关系五个方面的内容。如图 3.1 所示。

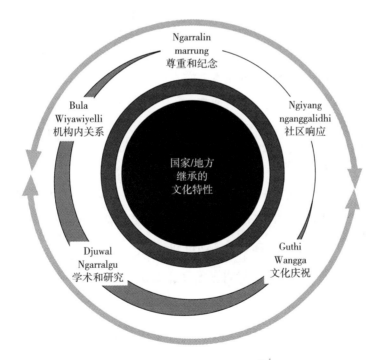

图 3.1　沃鲁图卡文化标准①

---

① Cultural-Standards. The Wollotuka Institute［R］. Newcastle University，2013：7.

（一）Ngarralin marrung ——尊重和纪念①

了解土著居民的历史，通过尊重他们的传统、文化以及他们对澳大利亚社会所做出的贡献的行动来表示对这些文化标准的尊重。具体的"尊重和纪念"标准：

（1）长者、文化导师、饱学之士的作用和贡献都需得到尊重；

（2）前人的经验和贡献将得到尊重；

（3）学生和教职员工不仅认同和尊重自己文化，也尊重其他不同文化认同的人；

（4）世界上的所有语言和文化都应受到尊敬和尊重；

（5）学生和教职员工尊重艺术传统和表现的形式包括艺术、艺术品、舞蹈、歌曲和故事传说；

（6）纽卡斯尔大学和沃鲁图卡学院所在的这块土地上的民族受到尊重和尊敬；

（7）以过去的文化习俗指导未来的旅程；

（8）彼此尊重对方的信仰和价值观；

（9）土著和托雷斯海峡岛民的历史、文化和哲学受到普遍的尊重。

（二）Ngiyang nganggalidhi——社区响应②

自决、互惠、社会正义、公平和相互尊重为社区响应能力得到尊重和重视提供了基础。沃鲁图卡学院的"社区响应"标准主要包括：

（1）社区长者和文化导师要受到认可和尊敬；

（2）教职员工和学生必须对自己的文化知识、文化遗产和文化认同有深刻的认识，并积极为社会做出贡献；

（3）认识到当地社区的文化多样性，并承认文化多样性带来的丰富的精神

---

① Cultural-Standards. The Wollotuka Institute［R］. Newcastle University，2013：9.

② Cultural-Standards. The Wollotuka Institute［R］. Newcastle University，2013：13.

生活；

（4）土著和托雷斯海峡岛民的语言和文化的教学和实践是培养健康文化观念和责任感的基本要求，而接受这样教育的人可以为社区的和谐发展做出积极贡献；

（5）社区在参加文化、学术和礼仪活动时受到尊重和欢迎；

（6）教职员工和学生不仅要了解和尊重社区和文化习俗，还要始终遵守这些礼仪；

（7）教职员工、学生和社区共同努力，确保子孙后代在适应不断变化着的世界环境中依然为其文化感到自豪；

（8）教职员工和学生将与社区一起奉行自决原则。

（三）Guthi Wangga——文化庆祝①

文化是通过创造和提供一个文化肯定和文化响应的环境来庆祝的。沃鲁图卡学院的"文化庆祝"标准：

（1）为学生、教职员工和社区创造一个文化安全和文化友好的环境，让他们可以分享和庆祝他们的语言、历史、文化、价值观；

（2）长者和文化导师为文化庆祝活动提供指导；

（3）长者和文化导师不断强调土著文化的重要性并强化土著文化教学；

（4）举行活动和庆典为教职员工、学生以及社区提供文化实践的机会；

（5）通过复兴土著语言，加强土著身份的认同感、自尊感以及和民族的情感联系；

（6）令教职员工、学生和社区都有归属感；

（7）学生和教职员工在当地社区的文化庆祝活动中发挥作用；

（8）对教职员工和学生培养强烈的文化世界观，促使他们能够在其他文化背景下庆祝自己的文化。

---

① Cultural-Standards. The Wollotuka Institute［R］. Newcastle University，2013：11.

（四）Djuwal Ngarralgu——学术和研究①

与社区建立有意义的和相互尊重的关系对于学术的设计和应用以及研究协议的拟定来说至关重要。沃鲁图卡学院的"学术和研究"标准包括：

（1）知识是通过文化响应和嵌入过程获得的；

（2）长者和文化导师的知识和智慧需贯穿课程和课堂教学中；

（3）教职员工和学生在学习环境中运用文化上合适的、安全的实践方法；

（4）不断加强和促进与国家和社区的联系；

（5）将语言和文化融入我们的学术项目中，以加强对文化的认识和理解；

（6）为教职员工提供专业发展机会，以维持最高的教学和研究水平；

（7）在认识论（知识）和教学法（教学）实践中包含个体的和多样化的学习方式；

（8）在适当的地方普及土著和托雷斯海峡岛民的历史；

（9）所有的员工都被认为是知识的创造者和传播者；

（10）知识植根于理性哲学；

（11）研究是在互惠和诚信的文化伦理框架下进行的。

（五）Bula Wiyawiyelli——机构内关系②

沃鲁图卡学院与纽卡斯尔大学的关系建立在互惠、责任和尊重的原则之上，"机构内关系"标准将确保：

（1）土著和托雷斯海峡岛民的个人遗产受到认可和尊重；

（2）自决作为土著和托雷斯海峡岛民的一项基本的国际公认的权利，被纳入沃鲁图卡学院与纽卡斯尔大学之间的治理关系；

（3）土著和托雷斯海峡岛民是公认的有价值的工作人员、研究人员和教师，他们为大学做出了重要的贡献；

---

① Cultural-Standards. The Wollotuka Institute ［R］. Newcastle University，2013：15.
② Cultural-Standards. The Wollotuka Institute ［R］. Newcastle University，2013：17.

（4）土著的文化和世界观在大学事务的各个方面都得到维护和尊重；

（5）大学继续支持并致力于改善所有土著和托雷斯海峡岛民的教育机会和成果；

（6）大学恪守和解的原则，创造了一个没有种族主义的校园环境，并包容了大学社区中存在的多种文化；

（7）与大学合作，承认土著和托雷斯海峡岛民在共享高等教育资源中的合法性；

（8）所有的大学教职员工和学生都有机会成为具有文化能力的公民；

（9）土著和托雷斯海峡岛民的知识、文化和哲学被公认为是创造文化、传播文化以及确保文化发展的关键；

（10）纽卡斯尔大学致力于为学生提供多元化的学术学习环境，在该环境中，土著和托雷斯海峡岛民的文化、历史和知识被融入课程中，从而培养文化上的全球公民。

2015 年，沃鲁图卡文化标准得到了世界高等教育联盟（World Indigenous Nations Higher Education Consortium）的认证，沃鲁图卡学院成为澳大利亚第一个通过世界民族高等教育联盟认证的单位，这是对沃鲁图卡在澳大利亚土著高等教育中所取得的突出成就的认可。认证报告指出，土著学生和工作人员认为沃鲁图卡学院是一个独特的地方，他们可以采用自己的思维和学习方式，学生们还觉得，他们可以在沃鲁图卡中保持自己的身份，甚至在整个纽卡斯尔大学的范围内，他们不断地解构白人的思想和行为方式，淡化白人文化对他们的影响，从而使沃鲁图卡学院成为一个文化安全的学习工作环境①。

沃鲁图卡文化标准旨在通过指导沃鲁图卡的所有核心功能，提高土著和托雷斯海峡岛民学生及其社区的教育质量。对于土著和托雷斯海峡岛民来说，各种表

---

① World Indigenous Nations Higher Education Consortium. Wollotuka Institute Accreditation Site Visit Report, Part 2 ［R］. WINHEC Review Committee , 2015.

现形式的文化是土著和托雷斯海峡岛民生活的核心及指南，而文化还定义了土著和托雷斯海峡岛民与他们国家相互联系的方式，从一开始，土著和托雷斯海峡岛民的文化、价值观和传统就帮助他们形成了自己的生活方式和世界观①。在一所主流大学中，发展土著的文化标准并重视土著的价值观和知识，而不是被白人优先的价值观所主导，为超越西方文化霸权提供了机会。

### 二、土著社区参与策略的实施

沃鲁图卡学院服务的土著和托雷斯海峡岛民学生和社区所继承的文化多种多样，正是因此，纽卡斯尔大学面临着要包容、尊重、开放地接受新的教学框架和知识体系的挑战。土著和托雷斯海峡岛民学生和社区成员包括长者、专业人员、青年以及社区服务人员，没有社区的包容和支持，纽卡斯尔大学不可能在提高土著居民的高等教育参与水平问题上取得成功。目前，沃鲁图卡学院已经形成一套社区参与实施方略。

为进一步拉近与社区、教育合作伙伴的距离，沃鲁图卡学院成立了社区参与投资组合，并直接推动了在纽卡斯尔中部海岸、中北部沿海地区、新南威尔士州西部等地实施的学校项目S2U（School 2 University Program）。该项目针对7~12年级的学生。7~9年级的学生通过传统的土著游戏树立志向，被鼓励学习数学和科学科目，同时思考未来的职业选择。10年级的学生要熟悉土著居民和托雷斯海峡岛民入学计划的进程，11~12年级的学生可以获得关于"Yapug土著居民和托雷斯海峡岛民支持计划"项目的信息、土著居民和托雷斯海峡岛民入学计划及UAC的入学许可。通过中学与大学教育的衔接，帮助中学生提前了解大学生活，了解相关教育政策及进入大学的途径，提高土著中学生接受高等教育入学率。沃鲁图卡学院十分重视与土著社区的联系，学院除向土著社区投入人力和资源外，还与社区开展合作研究，包括在会议上发表论文、举办公开讲座、赞助国际访问

---

① Wollotuka Institute. Cultural Standards ［R］. Wollotuka Institute, University of Newcastle, 2013：5.

等，推动了纽卡斯尔地区土著教育的发展，也为其他地区的大学实施社区参与发展策略提供借鉴。

### 三、确立长者住校制度

沃鲁图卡学院实行了长者（Nguraki）住校制度，聘请长者教导土著的传统知识和学问。长者的智慧和教导对土著居民"做事方式"的文化结构至关重要，因为他们深知土著文化是土著教育治理体系的核心。他们在纽卡斯尔大学的土著教育治理结构中发挥了举足轻重的作用，大学的员工、学生以及所在的社区都会向他们寻求指导。

长者住校制度承认了长者在土著和托雷斯海峡岛民社区中的特殊地位，同时表明在大学教育环境中对土著和托雷斯海峡岛民知识的重视。长者通过教育分享他们的智慧、积累的知识和经验，提供文化建议，为教职员工和学生的文化和精神建设做出贡献，在纽卡斯尔大学扮演了一个不可或缺的角色。

### 四、制订 Yapug 土著和托雷斯海峡岛民支持计划

纽卡斯尔大学有 650 多名土著和托雷斯海峡岛民学生，在教育和艺术、卫生、工程、科学和信息技术、商业和法律五个学院学习。由于所有的本科课程都采用了现场教学的方式而不是通过远程教育，这使得纽卡斯尔大学吸引了大量在城市社区生活的学生，还有部分学生来自农村和偏远地区。很多土著学生是他们家庭中第一代接受高等教育的人，沃鲁图卡学院深知高等教育对这些学生以及他们的家庭、社区的重要性，对此，制订了"Yapug 土著和托雷斯海峡岛民支持计划"。该计划面向 18 岁以上的土著和托雷斯海峡岛民，是一项开设在纽卡斯尔大学校园内的衔接课程，通过培养学生必要的学术技能和学习方法，帮助土著和托雷斯海峡岛民学生为在纽卡斯尔大学攻读本科学位做准备。学制包括全日制的一年（两个学期）或非全日制的两年（三或四个学期）。"Yapug 土著和托雷斯海

峡岛民支持计划"免费向土著和托雷斯海峡岛民学生开放,就读 Yapug 课程的学生还可以获得 4000 澳元的奖学金。

### 五、实施土著和托雷斯海峡岛民入学计划

沃鲁图卡学院每年对土著和托雷斯海峡岛民的入学计划进行调查,根据面试政策,土著和托雷斯海峡岛民申请者需要通过由学院代表、土著员工以及社区代表组织的面试,才可以进入本科阶段学习。申请者必须提供身份证明,证明自己是澳大利亚土著居民或托雷斯海峡岛民后裔,并对自己的土著居民或托雷斯海峡岛民后裔身份表示认可,且他们被所生活的社区或曾经生活过的社区所接受。此外,需要提供简历、成绩单、12 年级离校证明。

近年来,沃鲁图卡学院已经突破了传统的飞地模式,它拥有 46 名土著和托雷斯海峡岛民员工,为全校的学术和专业项目提供专业知识,并提供战略建议。2015 年,沃鲁图卡学院开设了 29 个土著能力培养、本科和研究生课程,吸引了 2000 多名学生注册。此外,学生保留率和毕业率都高于各州和全国平均水平。沃鲁图卡学院认为,一个文化氛围浓厚的校园环境,拥有自己的价值观、原则和知识,是土著学生成功路上不可或缺的。

### 六、制订土著领导力培养计划

土著领导力培养计划为学生提供了参加国际学术和文化交流计划的机会。学生可以出国进行土著比较研究,并在回国后举办有关研讨会与同学交流经验。此外,鼓励和支持学生参加与学科相关的会议,与学术和专业领域的同行分享他们的知识。土著领导力培养计划以培养学生的领导才能为目标,通过为学生提供交流的机会,激发他们的领导潜能。

20 世纪七八十年代是联邦政府对土著居民态度转变的时期,尤其在 80 年代,联邦政府陆续制定土著教育政策或战略,从政策上对土著教育事项予以倾斜,在

这样的大背景下，沃鲁图卡土著支持中心适时成立。而后，沃鲁图卡学院还获得了联邦政府的资助，建立了土著高等教育研究中心。可以说，沃鲁图卡学院的建成和初步发展，是深受当时政治因素影响的。但在后期的发展中，沃鲁图卡学院明显受到社会群体、社会文化、道德规范等社会因素的影响更多，无论是土著文化标准的制定，还是社区参与、长者住校制度，都是在与社会的不断交流和学习中建立和实施起来的。

沃鲁图卡学院十分重视长者、文化导师以及社区对学院的指导作用。长者、社区与学院的合作不仅提高了土著社区的高等教育参与水平，还为土著的文化标准的制定发挥了关键作用，这些文化标准不只反映了土著文化的本质，还为沃鲁图卡学院的运作方式提供指导。Yapug 土著和托雷斯海峡岛民支持计划为土著学生由中学阶段向大学阶段过渡提供了衔接课程和资助，土著和托雷斯海峡岛民入学计划的实施则为土著和托雷斯海峡岛民学生进入纽卡斯尔大学学习提供了途径和支持，提高了土著和托雷斯海峡岛民学生的入学人数、保留率和毕业率。领导力计划致力于培养学生的领导能力，激发学生潜能。此外，沃鲁图卡学院将纽卡斯尔大学所有的与土著相关的工作整合在一个运营机构下，在"全校参与"的模式下为各个学院、部门的土著高等教育工作提供专业的指导，为其他大学提供了很好的实践示例。

在沃鲁图卡学院的帮助下，纽卡斯尔大学在提高土著高等教育参与方面取得了瞩目的成绩。2015 年，纽卡斯尔大学的土著和托雷斯海峡岛民学生的入学率位列澳大利亚第一，土著和托雷斯海峡岛民学生的保留率仅次于新南威尔士大学，位列澳大利亚第二。2016 年，纽卡斯尔大学成为澳大利亚第一个招收 1000 多名土著和托雷斯海峡岛民学生的大学。

# 第二节　麦考瑞大学——Walanga Muru 的实践

麦考瑞大学（Macquarie University）始建于 1964 年，位于澳大利亚新南威尔士州悉尼市，是一所年轻的、富有进取精神的大学。1981 年，麦考瑞大学毕业了第一位土著学生。1990 年，Warawara 土著支持单位成立，开始为土著学生提供支持。2014 年，土著战略办公室（Office of Indigenous Strategy）成立，以领导麦考瑞大学进入一个卓越的土著教育新时代。2015 年起，土著战略办公室正式更名为瓦兰加·穆鲁（Walanga Muru）。2018 年 5 月，麦考瑞大学任命了首位土著战略副校长。

Wallumai① 是达格（Darug）② 社区赠送给瓦兰加·穆鲁的图腾（见图 3.2）。"Wallumai 是一种害羞但聪明的鱼，他们利用红树林创造的阴影和图案保护幼鱼。红树林是他们的托儿所、学校和家园。红树林代表着生命——我们需要克服的障碍，一旦我们找到了正确的道路，我们在知识和生活中就安全了。在瓦兰加·穆鲁，我们试图帮助我们的学生和工作人员克服生活中的障碍和混乱，成为未来坚强、有韧性的领导者。"——Kerrie Kenton③

Baduwa、Manawari 和 Djurali 是瓦兰加·穆鲁的工作宗旨，翻译成英语为 Aspire、Discover 和 Evolve。

Baduwa［Aspire（立志）］：通过增加接受高等教育的机会，释放土著学生和土著员工的潜力，从而树立远大志向。

---

① Wallumai 是指一种黑鲷鱼。

② 达格（Darug）是澳大利亚土著居民的一个群体，如今分散在悉尼的大部分地区。

③ Macquarie University, Engage with Walanga Muru［EB/OL］. https：//www. mq. edu. au/about/about-the-university/our-commitment-to-aboriginal-and-torres-strait-islander-peoples/engage-with-walanga-muru.

图 3.2 瓦兰加·穆鲁图腾

Manawari［Discover（发现）］：培养文化能力，通过新方法将土著知识和观点嵌入课程中以支持土著学生和教师发现新范式。

Djurali［Evolve（发展）］：增强土著学生和员工的能力，使他们能够对世界的变化迅速做出反应，促进自己进步。①

瓦兰加·穆鲁的责任和工作范围包括：

（1）通过最佳的实践模式，包括扩大工作范围、制定招生政策、提高学生保留率以及帮助学生毕业，促使土著和托雷斯海峡岛民学生参与到高等教育中；

（2）将土著知识和观点纳入核心课程；

（3）通过 Manawari 和 Baduwa 培训项目，提高大学教职员工和学生的文化安全意识；

（4）通过可持续的职业发展机会模式，提高土著和托雷斯海峡岛民的劳动力水平；

（5）支持由社区发起的研究，支持土著和托雷斯海峡岛民研究人员，尊重土著居民和托雷斯海峡岛民独特的知识、观点，以及承认他们的贡献。

**一、启动大学与土著和托雷斯海峡岛民的和解进程**

2017 年麦考瑞大学启动了《和解行动计划（2017－2018 年）》（*Reconcilia-*

---

① Macquarie University. Engage with Walanga Muru［EB/OL］. https：//www. mq. edu. au/about/about-the-university/our-commitment-to-aboriginal-and-torres-strait-islander-peoples/engage-with-walanga-muru.

*tion Action Plan* 2017-2018），迈出了与当地土著社区以及其他土著和托雷斯海峡岛民社区建立可持续关系的重要一步。随后制定了《和解声明》（*Reconciliation Statement*）以取代和解计划。在《和解声明》中，麦考瑞大学指出该大学承认澳大利亚土著和托雷斯海峡岛民的价值和智慧，认为和解可以促进麦考瑞校园里的文化包容和互相尊重，且和解是所有教职员工和学生都可以参与的一个相互过程，有助于和土著及托雷斯海峡岛民的学生与员工建立可持续的、互惠的关系，并加强与当地土著社区和其他土著居民和托雷斯海峡岛民社区的关系。而麦考瑞大学不仅要打造一个文化安全的校园，为土著和托雷斯海峡岛民学生提供文化服务，更要培养未来的土著和托雷斯海峡岛民领导人，成为土著和托雷斯海峡岛民的首选雇主。麦考瑞大学对土著和托雷斯海峡岛民社区做出承诺，要在教学和研究的所有领域取得高质量的成果，并帮助土著和托雷斯海峡岛民学生和员工获得个人发展和职业发展。

《和解声明》反映了麦考瑞大学对和解的决心和承诺，而这些承诺体现在麦考瑞大学已经制定并正在实施的各种战略和项目中，如《2016—2025 年的麦考瑞大学土著战略》（*Macquarie University Indigenous Strategy* 2016-2025）、《2018—2021 年土著和托雷斯海峡岛民劳动力拓展计划》（*Aboriginal and Torres Strait Islander Workforce Plan* 2018-2021）、《麦考瑞大学 2018—2021 年土著研究计划》（*Macquarie University Indigenous Research Plan* 2018-2021），以及对教职工和学生开展的文化安全培训，等等。①

**二、实施土著战略**

2015～2020 年，麦考瑞大学发布了三份具有指导作用的与土著战略相关的政策文件。

---

① Macquarie University. Reconciliation Statement ［EB/OL］. https：//www. mq. edu. au/data/assets/pdf_ file/0012/993828/MQ-Reconciliation Statement. pdf.

（一）《土著战略：麦考瑞大学的前进之路——绿皮书（2015—2024）》（以下简称绿皮书）

2015 年，土著战略办公室（当年更名为瓦兰加·穆鲁）发布《土著战略：麦考瑞大学的前进之路——绿皮书（2015—2024）》（*Indigenous Strategy：The Way Forward for Macquarie University—GREEN PAPER* 2015–2024），为麦考瑞大学在未来十年如何提高土著居民在麦考瑞大学的参与程度制定出一个框架，并阐述了麦考瑞大学所面临的机遇和挑战以及大学应该如何应对这些机遇和挑战，如表 3.1 所示。

表 3.1　麦考瑞大学面临的挑战和机遇①

| 挑战 | 机遇 |
| --- | --- |
| 增加土著学生人数 | 土著人口的增长带来招收更多土著学生入学的机会 |
| 与土著社区建立更加牢固的伙伴关系 | 高等教育中土著学生的数量持续增长 |
| 提高土著居民对接受高等教育的渴望度 | 青年土著人逐渐高涨的求学欲望 |
| 招收和保留更多数量的土著教职工 | 麦考瑞大学绝佳的地理位置 |
| 构建使学生和教职工能够了解土著文化的服务模式 | 校内的土著支持中心为土著学生量身定制的支持计划 |
| 增加土著研究人员和学者数量，以及与非土著人员建立合作关系，以开展土著研究 | 为土著高等教育寻求新的资助来源 |
| 为土著教职工提供担任领导职位的机会，并提高他们在大学决策中的话语权 | 通过与企业建立合作伙伴关系为土著学生安排工作 |
| | 为新南威尔士州、偏远地区甚至是整个澳大利亚地区的土著学生提供在线学习的机会 |

资料来源：《土著战略：麦考瑞大学的前进之路——绿皮书（2015—2024）》。

绿皮书通过对比分析发现，与新南威尔士州的其他大学相比，麦考瑞大学的

① Macquarie University. Indigenous Strategy：The Way Forward for Macquarie University—GREEN PAPER 2015–2024 ［EB/OL］. https：//www. mq. edu. au/_ data/assets /pdf–file/0003/127515/Green–Paper–Indige-nous–Strategy_ readersspread. pdf.

土著学生入学率、课程完成率、留校率都是最低的，因此，麦考瑞大学需要增加土著学生的人数以扩大自身的影响力。同时，近年来土著人口数量持续上涨，高等教育系统中土著学生数量持续增加，为麦考瑞大学招收更多的土著学生提供了机会。以往由于土著人在高等教育中的不利地位，土著人普遍对接受高等教育的渴求度较低，但如今年轻的土著人对待教育的态度和意愿已经发生了积极变化，土著高中生逐渐提高的注册率和毕业率，使得增加土著大学生招生人数成为可能。而麦考瑞大学的地理位置既接近商业中心又与土著社区、土著人口聚居区距离较近，有利于吸引更多的土著学生。此外，麦考瑞大学的土著支持中心为土著学生制定支持方案，寻求新的土著教育资金来源，以及通过与强生、仲量联行等企业的合作为土著学生安排工作、为土著学生提供线上课程等措施，也都为麦考瑞大学的土著高等教育工作质量的提高带来了机遇。但同时，麦考瑞大学还存在着土著教职工数量少、离职率高，土著研究人员、学者数量少的问题，在与社区建立和谐稳固的伙伴关系、构建土著文化服务模式、提高土著教职工的领导力和话语权方面面临着挑战。

针对以上问题，绿皮书呈现了麦考瑞大学的和解行动计划，由七个战略方针组成，分别是增加土著学生人数、更好地支持土著学生、"自己成长"土著劳动力培养、构建文化能力、发展跨学校土著课程、增加土著相关研究及土著学者数量、培养土著领导力并提高话语权。在这七项方针中，增加土著学生人数和更好地支持土著学生是最重要的两个优先事项。该和解行动计划将进一步展示大学对和解的承诺，包括：找出切实可行的方法，与土著学生和工作人员建立积极、可持续的关系；修复和加强与当地土著社区关系的承诺；所有员工和学生都能够得到平等对待。① 和解行动计划的目的是创造出一种支持和解原则的特殊学习环

① Macquarie University. Indigenous Strategy: The Way Forward for Macquarie University——GREEN PAPER 2015-2024 [EB/OL]. https: //www.mq.edu.au/_data/assets/pdf_file/0003/127515/Green-Paper-Indigenous-Strategy_readersspread.pdf.

境，增加土著学生参与高等教育机会。

（二）《麦考瑞大学土著战略 2016—2025》

如果说 2015 年的绿皮书确立了质量标准，使麦考瑞大学能够思考如何以有意义的方式改善土著学生的高等教育参与，并为土著和托雷斯海峡岛民社区做出贡献。那么，2016 年发布的首个土著战略——《麦考瑞大学土著战略 2016—2025》（*Macquarie University Indigenous Strategy* 2016-2025）则制定了分步走的战略，确定短期、中期和长期各个阶段的优先事项，以增加土著居民的高等教育参与机会，并提高土著居民的高等教育毕业率，再推进土著的领导力培养。预计到 2025 年，麦考瑞大学将成为一所以土著教育为特色的高等教育机构，并建成包括本科教学和研究生培养的完整的土著学生培养模式。而大学对土著社区所做的各种承诺，如在教学、科研上聘用土著学生和工作人员等承诺都将一一实现，土著学生的就业问题将得到改善。

（三）《实施计划 2017—2019》

2016 年发布的土著战略是一项为期十年的战略计划，增加土著学生数量、增强文化能力、促进土著学生的高等教育参与是该项土著战略的重点。2017 年，瓦兰加·穆鲁发布《实施计划 2017—2019》（*Implementation Plan* 2017-2019），为土著战略制订了具体的前三年实施计划，是麦考瑞大学实现土著战略构想的初步步骤。这一为期三年的实施计划基于三个实践目标：释放能力、发展文化能力、支持土著发展。① 以这三个实践目标为指导，该实施计划确定了 2017~2019 年工作的具体措施。实施计划指出，要实现三个实践目标，需要建立"全校参与"的合作伙伴关系、促进土著社区的参与以及加强与企业及政府组织的合作。

1. 建立"全校参与"的伙伴关系

土著战略的顺利执行既需要麦考瑞大学校长的强有力的领导，也需要大学各

---

① Macquarie University. Implementation plan 2017-2019 ［EB/OL］. https：//www. mq. edu. au/_ data/ assets/pdf_file/0020/560603/Indigenous-Strategy-Implementation-Plan_pdf. pdf.

级部门的支持，还需要大学各个机构间建立全面的伙伴关系。只有与行政部门和学术委员会、学院、系以及专业人员合作，瓦兰加·穆鲁才能通过这一战略帮助土著师生获得学业和事业上的成功。

2. 土著社区参与

瓦兰加·穆鲁认为土著社区的参与对于制定和执行土著战略至关重要。瓦兰加·穆鲁的工作人员将与麦考瑞大学的其他相关部门合作，与土著社区协商确定相关的研究项目，并在今后与社区开展更多的合作。瓦兰加·穆鲁将与当地的达格社区（Darug Community）、土著咨询委员会（Aboriginal Advisory Committee）和土著工作人员合作，以实现该战略的目标。①

3. 与企业以及组织的合作

瓦兰加·穆鲁继续与重要的企业和非政府组织建立关系，借助瓦兰加·穆鲁学员培训计划、奖学金和学校延伸项目，瓦兰加·穆鲁正在与澳新银行、仲量联行和强生等企业，以及澳大利亚博物馆、聋人协会和雷德芬（Redfern）法律中心等非政府组织发展互惠关系。除了将麦考瑞大学的土著学生安排为实习生，瓦兰加·穆鲁也为这些组织提供文化方面的建议。瓦兰加·穆鲁同样十分注重与中学发展合作关系，以激发土著中学生去追求高等教育。瓦兰加·穆鲁将在这些互惠关系的基础上为合作伙伴提供文化和政策建议。

### 三、Manawari——文化安全训练

20 世纪 80 年代前后，联邦政府对土著的教育政策发生转变，对土著居民而言，接受高等教育逐渐成为一种可能，土著居民认识到，大学必须解决土著教职员工缺乏文化安全的问题。威廉斯·罗宾（Williams Robin）将文化安全定义为："……一个对于人们来说安全的环境：在这里他们的身份、他们的需求不会

---

① Macquarie University. Implementation plan 2017-2019 [EB/OL] . https://www.mq. edu. au/_ data/ assets/pdf_file/0020/560603/Indigenous-Strategy-Implementation-Plan_pdf. pdf.

被攻击、挑战或否认。在这里人们相互尊重，分享知识和经验，有尊严地、被真正理解地一起学习、一起生活、一起工作。"①

Manawari 文化安全训练是麦考瑞大学建设文化安全校园、传播土著文化的关键措施，也是在麦考瑞大学建成一个具有文化包容性环境的必要措施。文化安全训练的对象是麦考瑞大学的员工，通过制定和实施高质量的文化培训，帮助大学的员工了解土著的文化、历史、信仰、实践、知识和哲学，从而尊重土著文化。

对于大学的员工来说，了解不同的文化、信仰、风俗和社区礼仪，可以改善他们和土著员工及学生的交流方式，帮助他们和土著居民建立更加亲密、和谐的关系，从而使这些员工在向土著员工、土著学生以及他们的家庭提供服务时，能够感受到应有的尊重。

文化安全训练的步骤：首先，员工要参加大约三小时的在线学习，在每小节学习完成后，完成思考题目，所有线上课程学习结束后填写调查问卷，问卷内容包括对 Manawari 文化安全训练方式的看法和建议；其次，在完成线上课程之后参加三小时的面对面课程，由瓦兰加·穆鲁专管土著文化教学的学术主任授课；最后，与麦考瑞大学的《和解声明》（*Reconciliation Statement*）直接相关的学院、系、办公室要贯彻落实《和解声明》中的措施。

## 四、实施劳动力拓展计划

澳大利亚联邦政府致力于通过教育和就业促进土著和托雷斯海峡岛民的发展。2011 年，土著高等教育咨询委员会（Indigenous Higher Education Advisory Council）与澳大利亚大学合作，制定了《国家土著高等教育劳动力战略》（*National Indigenous Higher Education Workforce Strategy*）。该国家人口计生委曾呼吁澳大利亚的大学到 2021 年增加高等教育部门内和整个高等教育部门的土著雇员

---

① Williams R. Cultural safety： What does it mean for our work practice? ［J］． Australian and New Zealand Journal of Public Health, 2008, 23（2）：213-214.

人数。

就全国而言，麦考瑞大学土著和托雷斯海峡岛民教职员工人数相对较少。学校先后通过《土著战略（2016—2025年）》（*Indigenous Strategy* 2016-2025）和《和解行动计划（2017—2018年）》（*Reconciliation Action Plan* 2017-2018），试图增加土著和托雷斯海峡岛民工作人员的数量。自2015年发布第一份关于土著参与的《土著战略：麦考瑞大学的前进之路——绿皮书（2015—2024）》（*Indigenous Strategy：The way forward for Macquarie University—GREEN PAPER* 2015-2024）以来，麦考瑞大学的土著和托雷斯海峡岛民员工数量达到了历史最高值。为了能够进一步引进和培养更多的土著和托雷斯海峡岛民员工，推进这一计划的积极发展，麦考瑞大学出台了《土著和托雷斯海峡岛民劳动力拓展计划（2018—2021年）》（以下简称《劳动力拓展计划》）（*Aboriginal and Torres Strait Islander Workforce Plan* 2018-2021）。其目的是制定并实施全校参与的长期战略，以显著改善土著居民和托雷斯海峡岛民员工的就业和职业发展，使得他们有更多的机会为大学做出贡献，从而使大学走向更加卓越的发展阶段。

（一）《劳动力拓展计划》的目标

表3.2　《劳动力拓展计划》的计划成果与目标①

| 计划交付成果 | 目标 |
| --- | --- |
| 增加麦考瑞大学里土著和托雷斯海峡岛民员工的数量 | 到2021年，麦考瑞大学的全职工作人员中，土著和托雷斯海峡岛民将占1.8%（合58人） |
| 为麦考瑞大学的工作人员提供文化安全培训 | 到2021年，60%的员工将参加文化安全培训 |
| 聘用麦考瑞大学毕业的土著和托雷斯海峡岛民学生 | 到2021年，将聘用15名在麦考瑞大学毕业的土著和托雷斯海峡岛民承担学术和专业领域的工作 |

---

① Macquarie University. Aboriginal and Torres Strait Islander Workforce Plan 2018 - 2021 ［EB/OL］. https：//www. mq. edu. au/about/about-the-university/our-commitment-to-aboriginal-and-torres-strait-islander-peoples/aboriginal-and-torres-strait-islander-workforce.

续表

| 计划交付成果 | 目标 |
|---|---|
| 对于希望担任高级行政领导职位的土著和托雷斯海峡岛民工作人员，要促进其职业发展和领导能力提升 | 到2021年，至少有一名土著和托雷斯海峡岛民将被任命为副校长或副校长级别的高级管理人员 |
| 对于那些没有规定必须由土著人担任的职位，也要增加土著和托雷斯海峡岛民任职人数 | 到2021年，将有9名土著和托雷斯海峡岛民被聘用在未指定的必须由土著人担任的职位上 |
| 增加土著和托雷斯海峡岛民工作人员在董事会和委员会中的参与度 | 到2021年，至少有一名土著和托雷斯海峡岛民将被任命为关键委员会的成员 |
| 通过指导、专业发展计划和技能培训，鼓励土著和托雷斯海峡岛民员工的个人成长和职业发展 | 到2021年，土著和托雷斯海峡岛民每年将至少有一次机会参加职业发展培训 |

资料来源：《土著和托雷斯海峡岛民劳动力拓展计划（2018—2021年）》。

### （二）劳动力发展的优先事项

《劳动力拓展计划》的目标是通过多方面协调的方法，建设一支由土著和托雷斯海峡岛民学者、研究人员、专业工作人员和高级工作人员组成的可持续队伍。建设这样一支队伍，需要投入更多的资源并采取一些措施，以吸引、留住、支持和发展土著和托雷斯海峡岛民人才，而一个重视和尊重土著和托雷斯海峡岛民的文化的工作环境是吸引人才的必备条件。因此，《劳动力拓展计划》确定了土著和托雷斯海峡岛民劳动力发展的五个优先事项[①]。

1. 工作环境和福利

为土著居民和托雷斯海峡岛民创造一个文化安全和包容的工作环境，包括对土著居民和托雷斯海峡岛民工作人员为麦考瑞大学所做的文化贡献表示尊重及感谢。

为土著和托雷斯海峡岛民创造文化安全和包容的工作环境，既是对土著和托

---

① Macquarie University. Aboriginal and Torres Strait Islander Workforce Plan 2018－2021 ［EB/OL］. https：//www.mq.edu.au/about/about-the-university/our-commitment-to-aboriginal-and-torres-strait-islander-peoples/aboriginal-and-torres-strait-islander-workforce.

雷斯海峡岛民文化的尊重，也是提升麦考瑞大学劳动力水平的关键。《劳动力拓展计划》指出，要通过对全校员工进行文化安全培训，使大学成为文化安全的工作场所。同时，大学要为土著和托雷斯海峡岛民举行传统仪式活动、庆典提供场所及支持。对于麦考瑞大学与达格人民（Darug People）的联系，要通过文献记录、图片等的展出，展示麦考瑞大学所在的这片土地的历史。与此同时，麦考瑞大学要在全校范围内采取行动以反对种族主义和种族歧视，若员工在工作中遭遇种族歧视，大学要为员工的申诉提供安全的环境和合理的处理程序。除促进土著和托雷斯海峡岛民员工与土著社区的联系外，还要促进非土著员工与土著社区的接触，包括了解土著社区的需求、庆祝土著和托雷斯海峡岛民的重要节日，以加深对土著居民的了解。

2. 招聘

麦考瑞大学为土著和托雷斯海峡岛民提供有意义的和可持续的就业机会，包括担任学术、研究、专业和高级职位。相关措施包括：制订一系列有针对性的招聘计划，如学术实习、培训和工作经验项目；制定正式的战略，让土著和托雷斯海峡岛民校友成为潜在的雇员；在学院内部制定专业的劳动力项目，吸引土著和托雷斯海峡岛民员工到非传统领域工作，并进一步考虑性别平等问题；审查招聘启事和选拔程序，确定招聘确实面向土著和托雷斯海峡岛民申请者；为大学内土著和托雷斯海峡岛民员工提供参与各级决策的机会；向土著社区展示麦考瑞大学是土著和托雷斯海峡岛民就业之时的最佳选择，且表现出麦考瑞大学是一个公平的、文化安全的工作场所。[①]

3. 留任和晋升

《劳动力拓展计划》为土著和托雷斯海峡岛民员工的留任和晋升制定了详细

① Macquarie University. Aboriginal and Torres Strait Islander Workforce Plan 2018－2021［EB/OL］. https：//www. mq. edu. au/about/about-the-university/our-commitment-to-aboriginal-and-torres-strait-island-er-peoples/aboriginal-and-torres-strait-islander-workforce.

的政策，以提高员工的劳动力水平。相关措施包括：为土著和托雷斯海峡岛民员工提供接受文化和专业培训的机会；为土著和托雷斯海峡岛民员工提供奖学金和研究基金；为土著和托雷斯海峡岛民继任规划和学术晋升制定适当程序；为土著和托雷斯海峡岛民提供借调和交流的机会；为土著和托雷斯海峡岛民学者制定学术指导和发展计划，提供包括职业生涯早期和中期的指导；任命土著和托雷斯海峡岛民联合工作人员，以提供专门知识和指导；使土著和托雷斯海峡岛民学术人员的绩效发展计划与学术晋升标准保持一致；要求管理人员参加文化安全培训，以加深对土著文化的理解；继续发展和维护麦考瑞大学与当地土著社区的关系；发展土著和托雷斯海峡岛民工作人员网络；向土著和托雷斯海峡岛民员工提供文化咨询和指导。① 这些政策的实施以员工的个人技能为基础，希望通过措施的推动，为土著和托雷斯海峡岛民员工提供职业晋升的机会，给现在的和未来的土著和托雷斯海峡岛民员工一个积极的未来。

4. 参与大学决策

让土著和托雷斯海峡岛民能够发出自己的声音，需要提高土著和托雷斯海峡岛民在决策过程中的影响力，具体措施包括：支持土著和托雷斯海峡岛民参加大学重要的委员会，参与全校的决策过程；为土著和托雷斯海峡岛民工作人员提供资金，让他们有机会参与领导、参加会议，以进一步发展职业道路；提供奖学金以支持土著和托雷斯海峡岛民员工攻读研究生；支持土著和托雷斯海峡岛民加入麦考瑞大学重要的委员会，参与大学的决策过程；对于麦考瑞大学的土著和托雷斯海峡岛民学生来说，继续实行"自己成长"（Grow-Your-Own）计划，通过领导力培养将他们发展成为大学的员工。

5. 治理、制度和结构

改进支持当前、未来的土著和托雷斯海峡岛民工作人员的职业目标及愿望的

---

① Macquarie University. Aboriginal and Torres Strait Islander Workforce Plan 2018 - 2021 ［EB/OL］. https：//www. mq. edu. au/about/about-the-university/our-commitment-to-aboriginal-and-torres-strait-island-er-peoples/aboriginal-and-torres-strait-islander-workforce.

制度，包括治理结构，以可持续的方式实现劳动力增长。具体措施包括：由副校长（学术）、人力资源总监、瓦兰加·穆鲁土著战略总监共同承担土著和托雷斯海峡岛民学生的就业责任；改进数据系统，以便更准确地报告土著和托雷斯海峡岛民的劳动力信息；促成土著和托雷斯海峡岛民劳动力项目成为 Patyegarang 战略委员会的固定议程项目，以监督《劳动力拓展计划》的实施效果和优先事项；编写和公布土著和托雷斯海峡岛民劳动力数据和结果的年度报告；每六个月提交一次评估数据和项目成果，确保项目的实施结果符合《劳动力拓展计划》的要求。

《劳动力拓展计划》是麦考瑞大学土著战略的重要组成部分，通过《劳动力拓展计划》中各项计划的实施，麦考瑞大学希望可以真正建设一个土著和托雷斯海峡岛民员工的文化、知识和价值观得到尊重和承认的校园，一个土著和托雷斯海峡岛民的职业目标及抱负得到肯定且能实现的校园。

**五、Mudang-Dali——嵌入土著文化的课程开发框架**

麦考瑞大学致力于培养重视土著观点和知识，并认识到土著观点和知识在澳大利亚的历史和未来中的重要性的毕业生。Mudang-Dali 在达翰尔语（Dharug）中的意思是"留存"，Mudang-Dali 课程框架是与土著相关的课程的核心框架，通过高质量的方法将土著的文化、哲学和知识嵌入到课程中，使所有麦考瑞大学的学生有机会了解和尊重土著的文化及知识，对于文化的多样性会更加包容、更加积极。

Mudang-Dali 框架的开发和实施与《麦考瑞大学土著战略 2016—2025》以及麦考瑞大学的课程架构相一致。该框架提供了一个跨学科定制的工具用于课程设计，以加强土著文化的教学和学习成果，由 Manawari 的员工负责执行，以确保实现高质量的教学方法，且课程面向所有教职员工和学生实施，为走向更加公平和包容的未来提供了坚实的道路。

## 六、拓展土著学生入学渠道

教育改变的不仅仅是学生，同时会给学生的家庭和社区带来积极变化。正是秉持着这一教育理念，瓦兰加·穆鲁认为，需要通过一种全面的方法实现土著和托雷斯海峡岛民学生的高等教育理想，这种方法需要承认文化的差异，重视学生多样化的文化背景以及他们不同的经历。瓦兰加·穆鲁成立了学生参与和入学途径小组（Student Engagement and Pathways Team），所有小组成员都经过了相关培训，具有很好的个人能力和职业素养，以确保创造一个积极的学术环境，从而激励学生在学术上、文化上不断成长。学生参与和入学途径小组的工作人员的工作范围覆盖全校，以确保土著学生能够及时获得他们需要的帮助和服务。

瓦兰加·穆鲁掌管着麦考瑞大学的土著和托雷斯海峡岛民学生的招生入学（Aboriginal and Torres Strait Islander Entry Pathway，ATSIEP）工作，只要申请人具备土著或托雷斯海峡岛民的身份，并完成书面申请和面试，即可获得入学资格。麦考瑞大学为土著和托雷斯海峡岛民学生提供各级各类奖学金以帮助他们完成学业。该招生通道为土著和托雷斯海峡岛民学生提供了在麦考瑞大学学习本科课程的机会，如若学生未做好学习准备，必要时还会提供替代入学方案。

瓦兰加·穆鲁还与中学和社区开展合作，培养学生的文化能力和领导力，为土著和托雷斯海峡岛民学生接受高等教育做准备，如面向 7~10 年级学生的校内参与计划、面向 10 年级的新生领导力训练营、面向 11 年级的批判性思维小组，以及面向 10~12 年级学生的一日校园参观等活动。

同沃鲁图卡学院一样，瓦兰加·穆鲁也是在政治和社会双重因素的影响下诞生和发展的。和解行动计划和土著战略的制定，是对联邦政府颁布的和解议程及土著战略的响应，而在制定具体的土著高等教育参与策略时，土著文化是一个绕不开的关键因素，而土著文化这一社会因素基本上贯穿了瓦兰加·穆鲁的土著高等教育参与措施。

瓦兰加·穆鲁为促进麦考瑞大学的土著高等教育，参与制定了十分全面的政策和措施，涉及文化安全训练、劳动力培养、课程框架、专属招生通道、制定土著战略等。文化安全训练为麦考瑞大学的非土著教职员工提供土著文化培训，加深他们对土著文化的认识，创造一个文化包容的校园和工作环境，这有利于非土著教职员工更好地为土著学生和土著员工提供服务；而嵌入土著文化的课程框架的开发，为全校学生提供了了解和尊重土著文化和知识的机会，从而培养更加包容的文化态度；《劳动力拓展计划》的实施改善了土著和托雷斯海峡岛民员工的就业和职业发展，使得他们有更多的机会取得个人进步，获得更大的职业发展空间；提高土著和托雷斯海峡岛民学生的入学率是瓦兰加·穆鲁工作的重中之重，为土著和托雷斯海峡岛民学生设置的入学通道更加精准地为土著和托雷斯海峡岛民学生提供入学协助，使招生工作更加高效；制定的数个土著战略更是为全校的土著高等教育参与工作提供了工作框架，通过建立整个大学内部的合作伙伴关系、促进土著社区的参与以及加强与企业及政府组织的合作，从而达成"发展土著员工及学生的文化能力、提高土著学生的就业质量、促进土著员工和学生分别在职业和学业上取得成功"的目的。

## 第三节　悉尼大学——Wingara Mura-Bunga Barrabugu 的探索

悉尼大学（The University of Sydney），于 19 世纪 50 年代在 Gadigal① 人民的土地上成立，是澳大利亚第一所大学，也是一所世界顶尖的研究型大学，位于新

---

　　① Gadigal 也写作 Cadigal，指最初居住在 Cadi 地区的澳大利亚土著人，是居住在悉尼沿海的七个部落之一。

南威尔士州首府悉尼。2008 年起，悉尼大学开始重新思考对待土著和托雷斯海峡岛民的教育、学术研究以及高等教育参与的方式等问题，并考虑将这些问题纳入大学工作的重点。2012 年，悉尼大学正式成立了第一个土著战略办公室——温加拉穆拉·邦加巴拉古（Wingara Mura-Bunga Barrabugu），意为"通往明天的思考之路"。作为悉尼大学的土著支持单位，温加拉穆拉·邦加巴拉古采取多种措施以实现"悉尼大学建设一个土著和托雷斯海峡岛民教职员工及学生可以自由、安全、自信、自豪地享受自己的身份，可以追求学术兴趣、职业爱好，相互尊重、不受不平等的观念束缚的校园"的目标，且为提高土著和托雷斯海峡岛民学生的高等教育参与做出了杰出的贡献。

**一、扩大土著高等教育入学机会**

（一）高等教育预备项目

高等教育预备项目，即为在校中学生提供一段沉浸式的大学校园体验经历。悉尼大学鼓励土著和托雷斯海峡岛民学生追求高等教育、参与高等教育，并为他们提供进入高等教育所需的支持。具体的支持工作包括为中学生提供体验大学生活、参加校园活动、就读学校课程以及参加夏季项目和冬季项目的机会。

夏季项目面向 10~12 年级的土著和托雷斯海峡岛民学生，学生只需提交参加夏季项目的申请，获批后即可获得旅费、住宿费以及与夏季项目有关的其他费用的资助，在悉尼大学内享用世界一流的学习环境和设施，除探索未知的大学生活外，还可以提前思考未来专业、职业的选择。

冬季项目面向 12 年级的土著和托雷斯海峡岛民学生，学生参加由专业导师主持的学术研讨会，与来自各学院的学者见面，讨论学术兴趣，并有机会与行业合作伙伴见面。整个课程为期 1 周，旨在为土著和托雷斯海峡岛民 12 年级的学生的入学考试做准备。

温加拉穆拉·邦加巴拉古的夏季和冬季项目邀请来自全国各地的土著和托雷

斯海峡岛民学生到悉尼进行为期一周的沉浸式大学生活体验，通过这段学习经历让学生们认识到自己的潜力，树立通过高等教育实现个人发展的信心。该项目目前取得了比较好的成效，仅 2019 年就有 300 多名学生参加了夏季项目。

（二）Gadigal 项目

Gadigal 项目通过更多地考虑学生的学习动机、目标和兴趣，帮助成绩不理想的土著和托雷斯海峡岛民学生进入大学。该项目的优势包括：在澳大利亚大学录取排名最低分的基础上再降分录取；可以获得 Gadigal 有条件的录取通知书；在入学前就读两周强化学术技能的课程；在整个学习期间可以获得持续的学术支持和个人支持。

为了后期能够顺利完成学业，入读 Gadigal 项目的学生在第一年的学习中需要进行学习技能训练，包括时间管理、研究方法、学术写作、口头陈述等。该计划目前只适用于温加拉穆拉·邦加巴拉古冬季项目的参加者，具有土著或托雷斯海峡岛民血统的 12 年级的学生、已经毕业的高中生或者 21 岁以上的成年人均可申请。该项目的录取率比较高，2019 年，Gadigal 项目收到了 45 份申请，发出了 44 份录取通知书。

（三）大学预科课程

预科课程的设置是为了增加土著和托雷斯海峡岛民学生的入学人数。学术委员会认可针对成年学生、ATAR 排名不达标或没有 ATAR 排名的学生的预科招生工作，这将促使悉尼大学录取更多的土著和托雷斯海峡岛民学生。

悉尼大学不但为土著和托雷斯海峡岛民学生提供多种入学途径，还为符合条件的土著和托雷斯海峡岛民学生提供十余种奖学金以支持学业，无论通过何种途径入学的土著和托雷斯海峡岛民学生均可以申请，如入学奖学金、住宿奖学金、联邦奖学金、土著妇女奖学金、偏远地区生源地奖学金等。

**二、积极促进社区参与**

悉尼大学建立了社区参与框架为社区参与提供途径，保持与政府部门、企业、社会公众的对话与交流，还建立了土著和托雷斯海峡岛民合作伙伴计划，通过密切的参与策略与土著和托雷斯海峡岛民家庭、社区和组织建立亲密关系。目前已经在进行中的土著社区参与项目主要有：

（1）与大都会土著土地委员会合作，这一伙伴关系在悉尼大学和周围土著社区的官方代表间搭起一座桥梁，有利于加强土著土地委员会的社会影响，增加经济效益，同时表现了悉尼大学对 Gadigal 人民的历史和土地所有权的承认。

（2）启动沃伯顿艺术和知识门户（Warburton Arts and Knowledge Portal）。这一项目始于 2016 年，于 2019 年正式上线。沃伯顿艺术和知识门户是一个交互式的门户网站，讲述 Ngaanyatjarra 人（位于澳大利亚中部和西部沙漠地区的土著文化团体），独特的土地、文化、艺术和语言的故事。其中，包括用无人机拍摄的令人惊叹的沃伯顿广阔而壮观的风景的镜头，以及土著长者用土著语言讲述故事的视频。

沃伯顿艺术和知识门户的启动旨在与土著和托雷斯海峡岛民的文化进行有意义的互动，这一在线资源包括艺术、农业、地球科学、社会学、动植物学、神话、典礼和仪式、日常生活等。悉尼大学土著战略副校长丽莎·杰克逊·普尔弗（Lisa Jackson Pulver）表示："这个门户网站使大学社区可以直接接触到土著知识，并深入了解这些知识如何被人们认识、理解和分享的。"[①]

（3）与部落战士（Tribal Warrior）的合作。部落战士是获得 Gadigal/Eora[②] 认可的由土著居民所有和运营的组织，它与社区领导者一起制定倡议并促进与社区的伙伴关系，通过身临其境的浸入式体验帮助教职工和学生进一步了解土著文化，从而发展与大学之间的关系。部落战士为悉尼社区做出了重要的贡献，也是悉尼大学推进温加拉穆拉·邦加巴拉古战略的重要合作伙伴。

---

① The University of Sydney. New portal opens gateway to ancient Western Australian culture［EB/OL］.［2020－08－07］. https：//www. sydney. edu. au/news－opinion/news/2019/07/05/new－portal－brings－ancient－western－australian－culture－to－the－worl. html.

② Eora 是指澳大利亚的土著居民，有自己的语言，相互间有密切的血缘关系，分布在新南威尔士州悉尼盆地一带。

（4）与奥罗拉基金会（Aurora Education Foundation）达成合作协议。2019年，悉尼大学与奥罗拉基金会签署协议，双方合作的项目包括：①土著奖学金门户网站以及匹配的服务和电子通信；②实习项目；③奥罗拉土著奖学金计划；④国际研究生奖学金；⑤高管教育课程；⑥海外游学；⑦国际奖学金。悉尼大学承诺将投资这些合作项目，以培养自己的土著和托雷斯海峡岛民人才。

**三、实施土著研究战略**

Ngarangun 战略是悉尼大学的土著研究战略，是在建立温加拉穆拉·邦加巴拉古时提出的一个长期项目。在这一战略中，规定要加强悉尼大学的土著和托雷斯海峡岛民研究能力，使其在更广泛的研究工作中处于澳大利亚的领先地位。

土著研究战略的目标是支持土著和托雷斯海峡岛民研究人员的发展，以及促进土著和托雷斯海峡岛民研究人员人数的增长，同时增加高水平的土著研究的数量，并促进高水平土著研究的多样性。该战略由土著和托雷斯海峡岛民研究主任牵头，主管研究的副校长与澳大利亚所有州、领地以及托雷斯海峡的土著和托雷斯海峡岛民社区进行磋商，确定大学重点研究的主题以满足社区的期望。

**四、开展文化能力建设**

文化能力（Cultural Competence）指一种以道德的、有效的方式参与跨文化环境的能力①。它体现了一个人对社会的行为规范、风俗习惯、价值取向等的了解和掌握的能力。《澳大利亚大学》（Australian Universities）将文化能力定义为"学生和工作人员对澳大利亚的土著文化、历史和当代现实的认识和了解，以及在土著背景下有效参与和有效工作的能力"②。文化能力包括五个关键要素：

---

① The University of Sydney. What is cultural competence？［EB/OL］. https：//www. sydney. edu. au/nc-cc/about-us/what-is-cultural-competence. html.

② Jack F, Steve L, James A S. Indigenous pathways, transitions and participation in higher education ［M］. Singapore：Springer Open, 2017.

①重视文化的多样化；②能够进行文化自我评估；③意识到文化差异动态；④获取文化知识并使其制度化；⑤调整服务以理解社区中文化的多样性。① 澳大利亚本是移民国家，土著和托雷斯海峡岛民人口的数量逐渐增长，社会文化的多样化构成对于身处多样化的全球社区中的人们来说，"获取必要的知识、技能和经验，以有效的、道德的方式在多元文化环境中生活"至关重要。对于大学来说，加强文化能力建设，无论是对于教职员工和学生的个人发展来说，还是对于创建文化包容的校园环境来说，抑或是对于社会的健康有序的发展来说，都十分有意义。

（一）成立国家文化能力中心

2013 年 6 月，澳大利亚高等教育和技能部向悉尼大学捐款 560 万澳元，用于建设国家文化能力中心（The National Centre for Cultural Competence）。国家文化能力中心是澳大利亚政府和悉尼大学合作成立的部门，它负责为大学社区和高等教育机构提供文化能力方面的领导、培训、研究和支持。

国家文化能力中心将学生、员工以及社区的文化能力的增长作为工作的重点。与此同时，与其他大学、企业、公共部门和政府合作，以提高组织内部和社区的文化能力，甚至于建立国际伙伴关系以改善整个社会的教育、经济、文化的发展，同样是国家文化能力中心努力的方向。国家文化能力中心发展文化能力的任务，包括让土著社区参与其中、与土著社区合作，也为处在其他边缘群体的学生提供了一个可以让他们表达自己的经历和关切的安全空间②。

国家文化能力中心通过丰富悉尼大学及其他大学的教学经验促进文化能力教育，其创新的学习、教学、研究和参与计划使悉尼大学在提高文化能力方面处于澳大利亚大学中的最前沿。

国家文化能力中心是悉尼大学温加拉穆拉·邦加巴拉古战略的基石，国家文

① NCCC. Conceptual frameworks/models, guiding values and principles［EB/OL］. https：//nccc. george-town. edu/foundations/framework. php.

② Jack F, Steve L, James A S. Indigenous pathways, transitions and participation in higher education［M］. Singapore：Springer Open, 2017.

化能力中心的工作也将服务于温加拉穆拉·邦加巴拉古。通过与不同的个人、社区和组织建立合作伙伴关系，如澳大利亚土著和托雷斯海峡岛民研究所、大都会土著土地委员会、美国国家文化能力中心、Wamind 南海岸妇女保健与福利土著公司等，国家文化能力中心在大学与土著和托雷斯海峡岛民的交流中发挥了重要作用。而教职员工和学生文化能力的提升，真真切切地为土著和托雷斯海峡岛民的就业、教育、卫生事业的发展做出了贡献。

（二）MOOC：文化能力

开发在线课程是提升文化能力的重要途径之一。国家文化能力中心与悉尼大学的教育创新团队合作开发了"文化能力——悉尼土著居民"在线开放课程（MOOC），为学生提供了加深了解悉尼土著居民并支持土著居民文化发展的机会，任何人均可在线注册学习。

该课程由六个模块组成，内容包括对土著和托雷斯海峡岛民学者、活动家、艺术家、语言专家、长者和社区组织的主要成员的采访，分享他们在悉尼的知识和经验。采访帮助人们探索了悉尼地区的土著地理分布、历史、语言、文化，加深对在悉尼的土著居民的了解。

**五、劳动力战略框架的制定**

悉尼大学致力于提供一种能够提升土著和托雷斯海峡岛民工作场所参与度的文化，以认可、赞扬土著和托雷斯海峡岛民员工和社区做出的许多贡献。《悉尼大学土著和托雷斯海峡岛民劳动力战略框架（2019—2021）》（以下简称《劳动力战略框架》）（*The University of Sydney Aboriginal and Torres Strait Islander Workforce Strategic Framework* 2019-2021）调整了以下原则：从公平原则出发，土著和托雷斯海峡岛民要占到悉尼大学劳动力总量的3%；从文化能力的角度出发，劳动力战略框架中所倡议的文化能力是大学所固有的，并且与大学的文化战略相一致；从劳动力建设看，悉尼大学的《劳动力战略框架》服务了土著和托雷斯海峡岛民社区以及更广泛的大学社区；从参与和合作的角度考虑，悉尼大学与土著和托雷斯海峡岛民社区以及其他组织合作，以满足劳动力的优先需求；从如何问责的问题出发，通过明确的、可测量的、可实现的举措来监督《劳动力战略框架》的进展，不断改进流程以达到最终提高劳动力水平的目的。

《劳动力战略框架》的目标包括：①土著和托雷斯海峡岛民劳动力所占比例达到 3% 以上；②提供工作人员的文化能力，尤其为土著和托雷斯海峡岛民和社区工作的工作人员；③为所有土著和托雷斯海峡岛民的教职员工、学生和社区提供友好的校园环境；④密切与土著和托雷斯海峡岛民社区的关系；⑤任命土著和托雷斯海峡岛民工作人员在大学内担任高级职务；⑥为土著和托雷斯海峡岛民学生提供在大学就业的途径。①

为了对目标的实施进展进行检测，《劳动力战略框架》中制定了多方面的绩效测量指标，具体包括：土著和托雷斯海峡岛民劳动力所占的比例；土著居民和托雷斯海峡岛民的劳动力职业分布；土著和托雷斯海峡岛民劳动力的男女比例；土著和托雷斯海峡岛民的工资水平；完成学校文化能力在线课程的劳动力比例；完成土著悉尼 MOOC 课程的劳动力比例；完成文化能力领导力计划的员工人数；绩效聘任计划内的招聘/自然减员/留用/职业发展；培训和实习中的招聘/自然减员/留用。②

《劳动力战略框架》在悉尼大学首席人力资源官的领导下实施，各学院、各专业事务组负责制订各自的实施计划，以实现《劳动力战略框架》中所制定的目标，增加土著和托雷斯海峡岛民的就业。《劳动力战略框架》促使悉尼大学的劳动力更富多样性，从而改善了各部门提供的服务，尤其是对土著和托雷斯海峡岛民教职员工和学生提供的服务。悉尼大学继续通过为土著和托雷斯海峡岛民提

---

①②　The University of Sydney. The University of Sydney Aboriginal and Torres Strait Islander Workforce Strategic Framework 2019 - 2021［EB/OL］. https：//www. sydney. edu. au/ content/dam/corporate/documents/about-us/careers - at - sydney/Aboriginal% 20and% 20Torres% 20Strait% 20Islander% 20Workforce% 20Strategic% 20Framework%202019-2021. pdf.

供就业、专业发展和签约机会来服务社会，响应国家缩小土著和非土著人民之间的差距的战略决策。

**六、综合战略的实施**

在 2012 年 6 月《悉尼大学土著和托雷斯海峡岛民综合战略》（*The University of Sydney Aboriginal and Torres Strait Islander Integrated Strategy*）颁布之前，悉尼大学先后颁布了绿皮书和白皮书，重申了大学提高土著和托雷斯海峡岛民在校园的认可度、高等教育参与度和完成度、参与大学决策以及与土著和托雷斯海峡岛民社区的合作程度的决心。此后，大学积极采取行动，比如招聘土著人担任大学的高级领导职务、寻找新的土著社区合作伙伴、对员工进行跨文化培训、增加世界级的土著问题研究人才等。《悉尼大学土著和托雷斯海峡岛民综合战略》在对以往这些经验进行总结的基础上，确立了悉尼大学未来的发展愿景，即成为一所独一无二的、塑造国家故事和身份的澳大利亚大学。这既体现在悉尼大学在教育、研究、价值观和实践中，不偏向任何一套故事、任何一种价值观或行为，还体现在重视澳大利亚复杂的关系、历史、文化和抱负，通过教育、研究和参与，将它们相互尊重地编织成一个更丰富、复杂但连贯的澳大利亚故事。

土著和托雷斯海峡岛民的教育、研究和参与是悉尼大学核心业务的组成部分，也是整个大学社区的责任，因此，综合战略的实施主要由在悉尼大学内负责教学、就业、员工发展、学生招聘、市场营销等核心事务的单位和部门承担。

（一）实施目标

该综合战略在学生、教职员工和研究的关键领域为悉尼大学确立了实施目标。

首先，悉尼大学的土著和托雷斯海峡岛民学生的人数要在五年内增加 100%，将非土著学生对土著和托雷斯海峡岛民问题的兴趣、参与度和知识储备提高 50%。

其次，对员工而言，增加悉尼大学雇佣土著和托雷斯海峡岛民员工的人数，将在四年内聘用75名土著和托雷斯海峡岛民学术人员、97名土著和托雷斯海峡岛民一般职员，到2015年所有员工都必须接受跨文化训练。

最后，在土著知识和研究方面，悉尼大学计划与社区、政府和企业合作建立一个可持续的土著知识研究议程。大学将在四年内建立至少两个国际伙伴关系，获取研究资金，对综合战略中确定的研究主题的60%的内容启动研究，将从事土著和托雷斯海峡岛民问题研究的教职员工和学生人数至少增加40%，以及增加25%的研究资金。[①]

（二）问责机制

副校长（土著战略和服务）办公室将与教职员工、专业服务单位（Profes-sional Services Units，PSU）以及战略信息和商业智能计划进行协商，制定综合战略检测报告，以有效监测教职员工、专业服务单位和全校的绩效。同时，副校长（土著战略和服务）办公室每季度提交一份战略监测报告，战略的进展将公布在悉尼大学的网站，向土著和托雷斯海峡岛民社区以及社会公众展示综合战略的进展情况。

（三）资金支持

综合战略的执行依赖于混合融资模式。一些费用由大学单独承担，另一些费用由一个或多个校外合作者提供。

那些直接由大学承担并对全校产生影响的项目的费用将由全校分担。实施方法是设立一个奖池，奖池的资金来自于大学的预算，大学根据当年实施计划的预算需求设置奖池的最高金额。另外，建立了择优任用的激励机制，包括土著和托雷斯海峡岛民的聘用激励，预计80%的高级人才将回流到学院和教师队伍中。但问题是，即使设立了奖池，也不可能从大学的财政预算中支付所有综合战略的费

---

① Wingara M，Bunga B. The University of Sydney Aboriginal and Torres Strait Islander Integrated Strategy [R] . Sydney：The University of Sydney，2012.

用，这需要从其他途径引入新的资金。对于外部资金的引入，大学需要加强与政府、企业的合作，制订外部资金对大学、教师、专业服务单位的资助计划。在外部资金、捐款的支出方面，大学要做到透明使用，以保持学生、教职员工、合作伙伴对大学的信任。

与纽卡斯尔大学和麦考瑞大学这两所年轻的大学相比，悉尼大学虽然是澳大利亚历史最悠久的大学，但对土著和托雷斯海峡岛民学生的高等教育参与问题却关注得最晚，土著支持单位也最晚成立。尽管起步较晚，但悉尼大学的温加拉穆拉·邦加巴拉古土著支持单位制定了较为全面的战略措施，从入学途径、社区参与、文化能力建设、劳动力发展、提升土著问题研究水平以及实施综合战略等途径和方式，重新审视并解决土著和托雷斯海峡岛民高等教育问题。通过社区参与的途径，加强与政府、企业、社区、公众的合作与对话，不但促进了土著文化教育活动，还为悉尼大学培养自己的土著人才提供了帮助。悉尼大学不仅以拓宽高等教育入学途径、提高土著和托雷斯海峡岛民学生的高等教育参与水平为目标，在高等教育过程中提升学生的劳动力水平和文化能力水平，同样是大学工作的要务。《劳动力战略框架》的实施，提升了悉尼大学在校教职员工的工作、服务能力，并为土著和托雷斯海峡岛民学生提供了就业机会。提升文化能力相关工作的开展，不但营造出和谐的、相互尊重的校园氛围，也帮助学生在毕业后走出校园，在跨文化的社会环境中以正确的世界观、价值观去看待处理问题。温加拉穆拉·邦加巴拉古在政府和社会的双重影响下，在大学的高效领导下，加强与社区的合作，通过制定全面有效的土著高等教育参与策略，在比较短的时间里取得了一定成果。

# 第四章　土著高等教育参与的形式及促进措施

## 第一节　土著高等教育参与的形式

土著高等教育参与是多方面的参与，除了最直观的土著入学途径和土著学生入学率外，还包括"通过教与学进行的参与、课程设计、政策、研究、对外关系、社会和文化参与、与学校和教育机构的伙伴关系、经济参与以及学生的组织参与"①。近年来，学术界提倡社区参与的方法，包括家庭参与的方法，以及在传统上可能不属于教育领域的部门的参与，比如受土著社区控制的组织和地方政府。根据前文对三所大学的土著支持单位的实践的分析，发现当前澳大利亚大学的土著高等教育参与具体表现为这几种形式：为土著学生提供多种入学途径，将土著知识融入大学课堂，提升土著研究水平，与政府部门、企业及社会机构的合

---

① Bernardo M A C, Butcher J, Howard P. An international comparison of community engagement in higher education [J]. International Journal of Educational Development, 2012, 32 (1): 188-189.

作，社区参与以及家庭参与。

## 一、提供多样化的入学方案

要提高土著学生的高等教育参与水平，首先要为土著学生提供更多的入学方案。

2005 年，土著高等教育咨询委员会根据土著高等教育发展形势制定《澳大利亚土著高等教育战略计划（2006—2008）》，该计划从提升土著居民的高等教育入学率和毕业率出发，制定了七个方面的措施：①鼓励高校与各级院校、注册培训组织合作提供一些进入高等教育的特殊路径和计划；②制定合适的策略，以提高土著学生的高等教育入学率；③提高土著研究生的入学率，增加土著文化研究和土著文化研究人员的数量；④提高土著学生在大学中的升学和毕业水平；⑤提高大学中土著文化、知识和研究的地位；⑥增加大学中土著教职员工的数量；⑦提高土著在大学管理、领导和经营事务中的参与程度①。战略计划的制定为政府部门和大学制定土著入学政策提供了相关依据及保障。

当前，澳大利亚的土著学生除可以参加 ATAR 考试，根据各州学习评量委员会的高等教育入学评量标准进入大学这样的常规途径外，还可以通过其他专为土著学生设置的入学方案入学。对于没有参加 ATAR 考试或 ATAR 考试不达标的土著学生，可以通过替代入学的方式进入大学。比如说，对于没有参加 ATAR 考试的学生来说，完成大学规定的 ATAR 课程即可；对于 ATAR 未达到大学要求的排名的学生来说，可以先申请要求较低的课程，经过一年的学习，达标后转入学生的目标课程，或者参加由澳大利亚教育研究理事会组织的特殊高等教育入学考试（Special Tertiary Admissions Test）。

除了替代入学，澳大利亚大学还为土著学生提供了其他入学法案。目前，澳大利亚的大部分大学设置有土著支持单位，其职能之一是为土著学生的高等教育

---

① 蔡培瑜. 澳大利亚土著民族招生考试政策及其实践［J］. 教育与考试，2016（5）：15-20.

入学提供帮助，包括处理入学申请、审核报名资格、面试、考核、录取、发放奖学金等。

表4.1　澳大利亚部分大学的土著学生入学办法

| 大学 | 入学方案的名称 | 申请条件 | 程序 |
|---|---|---|---|
| 南十字星大学（Southern Cross University） | 测试与评估计划 | 所有土著居民 | 申请人要参加一个由教授进行的面试，讨论进入大学后学习计划 |
| | 土著居民的替代入学途径 | | 通过测试对申请人进行学术评估；可能发放替代课程的录取通知书 |
| 查尔斯特大学（Charles Sturt University） | 土著入学计划 | 澳大利亚土著居民，想上大学的成年人，校外人士 | 申请人参加一个为期5天的入学计划；在麦考瑞港或 Wagga Wagga 校区完成一周的课程；成功完成课程后获得一系列查尔斯特大学本科课程的入学机会 |
| 新英格兰大学（University of New England） | 内部选择计划 | 土著居民 | 在校内参加为期1天的测试和评估；申请人填写一份个人陈述，概述他们在新英格兰大学学习的适合性和计划，以及参加一些学术读写测试；申请人还需要参加由土著支持单位代表主持的面试；网上申请，确认申请人的土著身份 |
| | 大学预科课程 | | 考生必须在校园内完成3天的入学前培训课程；其后的课程分2个学期完成，可以在校内或者网上进行，这是一项为期1年的全日制课程<br>完成课程的学生在满足其他要求的条件下，可以获得本科课程的入学资格 |
| 悉尼科技大学（University of Technology Sydney） | Jumbunna 途径计划 | 土著居民 | 包括为期3天的校园测试和评估；撰写教师任务、小组任务和报告，与学术教学人员会面，参加正式面试<br>考核通过后，部分申请人可以直接攻读自己选择的本科学位课程，另一部分申请人根据录取通知书的要求，或先参加一年的为土著居民提供免费的授课课程，或参加基础文凭课程。一旦完成了要求的课程，将通过 Jumbunna 途径成为正式的学生 |

续表

| 大学 | 入学方案的名称 | 申请条件 | 程序 |
|---|---|---|---|
| 悉尼大学<br>（The University of Sydney） | E12 | 土著居民，已获得高等学校证书（HSC）或国际文凭（IB）的学生，这些学生来自经济困难的家庭或就读于政府认定的"低社会经济水平"高中；申请人需要得到所在学校校长的支持 | 如果申请成功，只要申请人达到 E12 标准（比 ATAR 标准要低）和申请课程的标准，就可以取得学习的资格；学生将获得 5950 澳元的奖学金；参加所选择课程的老师的面试 |
| | Cadigal 替代入学计划 | 对土著居民开放，无论是否是 12 年级的学生，都可以在该计划的支持下进入 ATAR 要求较低的课程，并在学习期间获得持续的支持 | 如果申请人的 ATAR 低于但接近选择课程的最低要求，那么 Cadigal 计划可以提供入学帮助 |
| 西悉尼大学<br>（Western Sydney University） | 土著和托雷斯海峡岛民替代入学计划 | 面向所有土著居民开放，需要确认土著居民的身份或填写身份证明才可申请 | 申请人提交申请后，参加为期 2 天的评估和面试；在研讨会上，将被要求完成读写能力评估和面试，讨论申请人对所选择的课程的兴趣，并证明申请人符合要求的最低和基本标准；如果申请的课程需要计算能力，申请人还需要完成计算能力评估；成功完成该项目将获得录取通知书 |
| 西澳大学<br>（University of Western Australia） | 替代入学项目 | 17 岁以上的土著居民，且尚未完成中学课程，没有取得所选课程要求的 ATAR 排名 | 申请人需提交申请表、个人陈述、简历、土著身份确认书及其他辅助材料；参加为期 2 天的评估和面试；进入申请人申请的本科课程或有机会参加西澳大学举办的两个项目中的一个 |
| 澳大利亚国立大学<br>（The Australian National University） | 澳大利亚国立大学推荐计划 | 澳大利亚土著学生；帕斯菲卡申请人；符合澳大利亚国立大学教育入学计划要求的申请人 | 为 ATAR 最低为 70 分的中学毕业生提供提前入学的机会；如果申请人所在学校的"推荐计划"通过澳大利亚国立大学招生办公室的审核，申请人将会收到一个提前录取通知书；如果申请人没有完成相关的必修科目，或附加的选拔标准，申请人将获得一个有 ATAR 最低要求的录取通知书 |

续表

| 大学 | 入学方案的名称 | 申请条件 | 程序 |
|---|---|---|---|
| 堪培拉大学（University of Canberra） | 预科课程项目 | 没有达到正常入学要求但有潜力的学生；除了教育背景，还要综合考虑工作经验 | 要参加预科课程，学生必须提交土著预科项目申请表，并参加一个非正式面试 |
| 新南威尔士大学（The University of New South Wales） | 土著入学计划 | 所有土著居民都可以申请新南威尔士大学的本科课程；没有达到所需的 ATAR 排名也可以申请 | 向大学招生中心提交申请；在线填写 Nu-ra Gili 申请表；进行面试和笔试 |
| 澳大利亚天主教大学（Australian Catholic University） | 特殊入学项目 | 12 年级的在读学生 | 即便没有 ATAR 排名或 ATAR 排名不达标，也允许由学校校长推荐他们认为有能力完成指定的高等教育学位的学生；申请人要参加由教师和工作人员组织的面试 |

资料来源：各大学的官网。

　　澳大利亚大学制定的土著学生入学方案只面向土著学生开放，申请人需要提供相关材料证明自己的土著身份。在申请程序上，大多以提交申请表、参加面试/笔试为流程，考核时关注申请人的学术兴趣、学术潜力以及学习能力，综合考虑申请人的教育经历、工作经验等。部分学校降低对 ATAR 的要求，帮助有潜力的学生进入大学。有的大学要求学生参加预科课程以增加知识储备，完成课程后根据考核结果决定是否进一步攻读本科课程。多样化的招生入学方案为处在劣势的土著学生提供更多接受高等教育的可能，进一步改善了土著学生的高等教育参与情况，而替代入学方法的实施，也深刻地体现出土著高等教育参与中的补偿性原则。

### 二、将土著知识纳入高等教育课程

　　将土著知识融入课堂，开发相关的土著知识课程是土著高等教育参与的形式之一。澳大利亚大学自诞生起，就受到西方思想的影响，将西方知识奉为圭臬。然而，高等教育不应是西方知识的特权，尤其在多元文化影响下的当代澳大利亚，土著知识应在大学知识的传播中占有一席之地。《布拉德利评论》（*Bradley Review*）对此强调了两点：第一，对学院中的土著知识进行评估；第二，具有土著知识是土著毕业生应有的特质①。《布拉德利评论》指出，"承认土著知识是高等教育的一个重要的且独特的要素"。《贝伦特评论》（*Behrendt Review*）对此表示赞同："将土著知识转化为实践性课程、教学实践，以及毕业生所具备的一项特质，为帮助专业人员满足土著社区的需求做出重要贡献。"② 帕朗（Parent）建议："要想让土著知识受到合法尊重，大学需要确保土著知识在政策和实践中得到承认。"③ 高尔克（Goerke）和基克特（Kickett）认为："在高等教育环境中，土著知识应该在'政策、项目、实践和专业发展'间进行协调和整合。"④

目前，已有多所大学将土著知识纳入教学和学习框架，例如：堪培拉大学开发了可纳入所有课程的土著课程，以确保毕业生具备文化意识和对文化的敏感性；西悉尼大学决定在所有课程中嵌入相关的土著知识；西澳大利亚大学要求学生们在各个层面学习土著知识、价值观和文化；麦考瑞大学要求在教学和学习的实践活动中把土著知识作为一种独特的知识范式；科廷大学则要求在所有的本科和研究生课程中都要涉及土著观点；莫道克大学将土著知识和观点纳入适当的大学课程中，以便为与土著居民一起工作的学生提供这些知识、技能和理解；查尔斯特大学将澳大利亚土著知识纳入大学的所有本科课程中；埃迪斯科文大学继续

---

① Bradley D, Noonan P, Nugent H, Scales B. Review of Australian higher education: Final report [R]. Canberra: Department of Education, Employment and Workplace Relations, 2008.

② Behrendt L. Review of Higher Education Access and Outcomes for Aboriginal and Torres Strait Islander People [R]. Canberra, 2012.

③ Parent A. Bending the box: Learning from indigenous students transitioning from high school to university [D]. University of British Columbia, Vancouver, Canada, 2014.

④ Goerke V, Kickett M. Working towards the assurance of graduate attributes for indigenous cultural competency: The case for alignment between policy, professional development and curriculum processes [J]. International Education Journal: Comparative Perspectives, 2013, 12 (1): 63.

将土著知识和观点纳入所有本科课程。

如今，许多大学都认为土著知识对学院至关重要，土著知识的重要性在一些大学的土著教育声明、协调行动计划或战略计划或框架中得到强调。除将土著知识纳入高等教育课程，培养学生的文化素养外，部分大学也采取了措施来提高员工的文化能力。澳大利亚大学在提交给联邦教育部的报告中已经制定了澳大利亚大学文化能力的最佳实践框架①，虽然实践中一些项目培训的土著文化较少，但目前大多数学校仍在努力提高其工作人员的文化竞争力，并确保为土著学生提供安全的学习环境。

### 三、促进家庭参与

大学生与家庭、家庭与高等教育机构的关系是长期而复杂的，父母和家庭成员在孩子上大学的过程中充当了什么角色、能够为上大学的孩子提供多少信息，以及高等教育机构可以和父母分享多少信息，这些都属于家庭参与的范围。

希维朗纳（Heavy Runner）和德塞莱斯（DeCelles）认为，家庭对土著学生的影响持久而深刻，他们开发的家庭教育模式将家庭置于高等教育的结构中，在家庭与大学的互动中，要求学院的教职员工必须在平等和尊重的基础上与学生的家庭合作；保留计划必须强调和重视家庭的文化、种族和语言身份，使他们在多元文化社会中更好地发挥作用；在所有的项目、计划中都要体现家庭支持的原则②。

由于土著高等教育发展的历史原因，在许多土著大学生家庭，父母等长辈的文化水平很低，这些孩子是他们家族中的第一个大学生，对高等教育的不了解导致家庭成员对学生的高等教育参与程度较低，部分土著家庭主要通过社区参与的

---

① Universities Australia. National best practice framework for indigenous cultural competency in Australian Universities ［R］. Canberra, 2011.

② Heavy Runner Iris, DeCelles Richard. Family educational model: Meeting the student retention challenge ［J］. Journal of American Indian Education, 2002, 41（2）: 29-37.

方式了解、参与高等教育。

## 四、重视社区参与

土著高等教育机构最显著的特点之一是对所属土著社区的集体利益的维护，这是因为他们的身份通常和社区密切相关，就像当土著居民谈到教育是"赋权"的手段时，他们所指的赋权对象往往是土著这个民族而不仅仅是他们个人①。因此，社区在土著高等教育的发展中不可缺失，社区参与也是土著高等教育参与的重要组成部分。

社区参与（Community Engagement）这个词在各学科中有不同定义，在学术上普遍缺乏共识，导致至今没有关于社区参与的最佳定义②。同样地，术语"社区"和"参与"的定义也存有争议。一些学者认为，社区参与的逻辑类型包括信息共享、咨询和参与③，国际公众参与协会概述了公共影响的五个增量阶段——信息、咨询、参与、合作和授权④。其他学者也提供了不同的方法和工具以解释社区参与的意义。联合国通过协商采纳了最为普遍接受的社区参与定义：

社区参与是一个双向过程，公民和社区的愿望、需求、价值观被纳入各级各部门的政策制定、规划、决策、服务提供和评估工作中；在社区参与过程中，政府和其他商业、民间社会组织（包括公民、客户、社区和其他利益攸关方）都参与其中。⑤

简单来讲，社区参与是社区居民自觉自愿地参加社区活动、处理社区事务、

---

① Barnhardt R. Higher education in the Fourth World: Aboriginal people take control [J]. Canadian Journal of Native Education, 1991, 18 (2): 199-231.

② Ramachandra A, Mansor N. Sustainability of community engagement—In the hands of stakeholders? [J]. Education + Training, 2014, 56 (7): 588-598.

③ Johnston K. Community engagement: Exploring a relational approach to consultation and collaborative practice in Australia [J]. Journal of Promotion Management, 2010, 16 (1-2): 217-234.

④ IAP2. IAP2 Spectrum of public participation [C]. International Association for Public Participation, 2007.

⑤ United Nations. Brisbane Declaration—United Nations Charter on Community Engagement. [C]. International Conference on Engaging in Communities, Brisbane, 2005, August 15-17.

表达自己的意见与建议，进而影响权力持有者决策的行为。社区参与不仅是一种民主政治下公民的参与权和知情权的体现，更是在多元利益下保证公共政策有效制定和实施的手段①。社区参与通过社区居民自下而上地参与社区管理、居民与管理人员的协作、居民与社区的紧密关系等体现出来。

在全球范围内，社区参与越来越受到大学的重视②，大学越来越多地将自己作为致力于与社区利益相关者建立合作关系的机构③。社区参与高等教育通常被描述为一系列的活动，包括依据社会、经济、政治的需求规划大学的教学、学术研究等活动。温特（Winter A.）和怀斯曼（Wiseman J.）等从澳大利亚高等教育社区参与的情况出发，做出了更为详细的分析，指出社区参与高等教育的方面包括：①教与学；②课程设计；③政策研究；④对外关系；⑤社会与文化的参与；⑥与学校和教育机构建立伙伴关系；⑦经济合作；⑧学生的组织和参与④。

推动澳大利亚土著高等教育的发展，促进社区参与显得十分重要和必要。澳大利亚纽卡斯尔大学沃鲁图卡学院由于在土著教育方面发挥了重要作用，被公认为是澳大利亚土著教育的领导者。沃鲁图卡学院专注土著教学、学习、研究、土著员工就业和发展，已形成一套社区参与实施方略。为进一步拉近与社区、教育合作伙伴的距离，沃鲁图卡学院成立了社区参与投资组合，并直接推动了在纽卡斯尔中部海岸、中北部沿海地区、新南威尔士州西部等地实施的学校项目（School 2 University Program）。该项目针对7~12年级的学生。7~9年级的学生通过传统的土著游戏树立志向，被鼓励学习数学和科学科目，同时思考未来的职业选择。10年级的学生要熟悉土著居民和托雷斯海峡岛民入学计划的进程，11~12年级的学生可以获得关于Yapug土著居民和托雷斯海峡岛民项目的信息、土著居

① 王锡森.公众参与：参与式民主的理论想象及制度实践［J］.政治与法律，2008（6）：8-14.

②④ Winter A, Wiseman J, Muirhead B. University-community engagement in Australia: Practice, policy and public good［J］. Education, Citizenship and Social Justice, 2006, 1（3）：211-230.

③ Dempsey S. Critiquing community engagement［J］. Management Communication Quarterly, 2010, 24（3）：336.

民和托雷斯海峡岛民入境计划及 UAC 的入学许可。通过中学与大学教育的衔接，帮助中学生提前了解大学生活，了解相关教育政策及进入大学的途径，提高土著中学生接受高等教育入学率。沃鲁图卡学院十分重视与土著社区的联系，学院除向土著社区投入人力和资源外，还与社区开展合作研究，包括在会议上发表论文、举办公开讲座、赞助国际访问等，推动纽卡斯尔地区土著教育的发展，也为其他地区的大学实施社区参与发展策略提供借鉴。

## 第二节　促进土著高等教育参与的策略

### 一、提供合适的教育项目和入学途径

研究表明，非城市中心地区以及偏远和贫困地区的学校难以提供良好的教育质量，同时这些学校的学生成绩较差。此外，这些学生通常难以获得来自家庭的支持，缺乏成功的韧性和决心，没有足够的自信心去追求更高的教育目标和更广阔的职业抱负。因此，偏远和贫困地区、农村或土著社区的学生很有可能在中途退出学习[①]。

随着越来越多的支持和指导项目的出现，在一定程度上解决了这些问题。例如向土著学生提供教育计划，帮助他们从高中过渡到大学，或帮助他们进一步接受继续教育，以期达到与其他澳大利亚学生相同的水平。高等教育研究中心显示，来自偏远和贫困地区的土著居民可以在澳大利亚大学提供的大量的专项计

① James R, Anderson A, Bexley E, et al. Participation and equity: A review of the participation in higher education of people from low socioeconomic backgrounds and Indigenous people［R］. Report Prepared for Universities Australia: Centre for the Study of Higher Education University of Melbourne, 2008.

划、服务的帮助下参与高等教育，这些计划和服务包括特殊入学计划、高等教育准备和衔接计划、校内辅导、奖学金、学习支持计划、灵活授课服务和远程教育服务。这些计划为土著学生提供了在澳大利亚各地的学校、社区、大学获得发展并取得成功的技能、机会、信念、信心。

对于想上大学却由于各种原因没有机会迈进大学校门的人来说，大学提供的特殊入学方案可以帮助他们获得进入大学学习的机会，以及获得必要的技能和知识。2010 年，在进入大学学习的土著学生中，只有 47.3% 的土著学生是凭借他们之前的学历入学的，其他学生则是通过特殊的入学计划或替代入学进入大学的①。而对于非土著学生而言，只有17%的学生通过特殊途径入学。相较之下发现，要提高土著学生的入学率，提供特殊的入学途径显得十分重要。

**二、确保学校、职业教育培训与高等教育之间的衔接过渡**

在澳大利亚，已经有越来越多的部门机构提供从职业教育和培训到研究生学位的课程。这使得学生可以跨部门选择技能选修课、衔接课程，获得双重资格证书。但是，澳大利亚各州、领地和机构对学生多样性和部门间协作程度的反应能力各不相同，因为"各机构为代表性不足的群体（土著）提供便利的绩效考核标准并不统一"②。按趋势来说，大部分职业技术教育学生和继续教育学生将转入技术大学或地方学校，只有较少的学生可以转入颇具声望的澳洲"八大联盟"。因此，在学校选择的"学术"科目或"职业"科目将直接影响到学生未来的教育前途、就业、收入水平和生活水平③。当前的情况是，职业教育中就读医

---

① Department of Industry, Innovation, Science, Research and Tertiary Education. Undergraduate Applications, Offers and Acceptances 2012 ［R］. Canberra：Commonwealth of Australia, 2012.

② Bradley D, Noonan P, Nugent H. Review of Australian Higher Education Final Report ［EB/OL］. http：//www. deewr. gov. au/HigherEducation/Review/Documents/PDF/Higher% 20Education% 20Review _ one% 20document_02.

③ Hoelscher M, Hayward G, Ertl H. The transition from vocational education and training to higher education：A successful pathway？［J］. Research Papers in Education, 2008, 23（2）：139-151.

学、牙科和法律等专业的学生较少，就读工程、商业和教育等领域的学生过多。因此，制定政策和措施，确定如何构建职业教育到高等教育的过渡途径，并为职业教育者提供学术支持，显得尤为重要。

当前，大学的本科生生源日益多样化，许多大学正在提供越来越多的支持服务，以帮助那些面临困境的进入大学的职业教育学生顺利实现从职业教育到大学教育的过渡[①]。比如，通过提供学术支持计划帮助职业教育学生顺利过渡，建立相应系统帮助在学业上有困难的学生，提供每学期开始时的免费衔接课程，以及可以测试学生英语和数学等关键领域的能力水平的在线诊断工具，等等。

通常情况下，由于多种因素，职业教育学生在进入大学后往往会承受比较大的压力，如超预期的学习压力、学业与工作间难以平衡等问题。故此，许多大学通过他们的学生学术支持计划帮助学生熟悉高等教育环境，提高学生的学术素养、计算能力[②]，这些措施对土著学生顺利过渡到大学的学习生活产生了积极的影响。

### 三、利用远程教育和在线课程

当前，澳大利亚土著学生的入学率和毕业率与非土著学生相比仍存在较大差距，这也意味着土著学生在高等教育入学前和入学后可能面临更多的难题，比如，缺乏家庭的支持、语言和文化的障碍、代际贫困、较低的社会经济地位以及缺乏自信、对自己期望值较低，等等。另外，大约有 1/3 的土著人居住在澳大利亚的偏远地区[③]，而事实证明，大城市的居民比居住在偏远地区的人更有可能获得较高水平的教育。2008 年，居住在澳大利亚主要城市的土著居民中，有 8.7%

---

① Watson L, Hagel P, Chesters J. A half-open door：Pathways for VET award holders into Australian universities ［M］. NCVER, Adelaide, 2013：61.

② Watson L, Hagel P, Chesters J. A half-open door：Pathways for VET award holders into Australian universities ［M］. NCVER, Adelaide, 2013：50.

③ Australian Institute of Health and Welfare. Australia's welfare 2013：In brief ［R］. Canberra Australian Institute of Health and Welfare, 2013.

的人获得了本科学历或更高学位，而在偏远和非常偏远的地区，这一比例仅为2.7%①。居住在偏远地区或复杂的家庭问题对土著学生接受高等教育产生了负面影响，从理论上说，在线教育可以在一定程度上解决这些问题。

澳大利亚的高等教育入学统计数据显示，自 2008 年以来，外部课程和多模式课程的入学率一直上升，而传统的校内课程的入学率一直下降。与非土著学生相比，更多的土著学生选择报名参加外部课程和在线课程。澳大利亚在线教育使用率数据显示，对于地区大学来说，选择外部课程和多模式课程的学生人数占全部入学学生人数的 80%②。这些数字表明，在线教育具有解决空间障碍的能力，数字技术可为那些没有条件接受教育或不愿意长途跋涉去接受教育的人们提供学习的平台。土著高等教育的最新趋势也表明，在线课程实际上已经吸引住并保留住了土著学生，尤其是偏远地区的土著学生③。

远程教育和在线学习当前已经成为常态，为大量没有条件亲临课堂的学生提供了在线学习的机会。"灵活的在线授课方式意味着全球互联的学习空间是由学生激活的，老师在其中充当了促进者的角色，为学生创建自己的学习传记提供了准备和支持。"④ 克雷文（Craven）和迪利恩（Dillion）认为，"在线学习模式有利于促进土著学生参与高等教育，并且是解决偏远地区土著学生在高等教育中参与率低这一问题的有效方式。在线学习方式也有助于土著学生在追求高等教育学

① Australian Bureau of Statistics. Estimates of Aboriginal and Torres Strait Islander Australians［R］. Canberra: Australian Bureau of Statistics，2011.

② Jack F，Steve L，James A S. Indigenous pathways，transitions and participation in higher education［M］. Springer Open，2017.

③ Batchelor Institute of Indigenous Tertiary Education. Batchelor Institute and Telstra tackle education barriers in remote communities［EB/OL］. http://www.batchelor.edu.au/portfolio/batchelor-institute-and-telstra-tackle-education-barriers-in-remote-communities/.

④ Abbott-Chapman J. Making the most of the mosaic: Facilitating post-school transitions to higher education of disadvantaged students［J］. The Australian Educational Researcher，2011，38（1）：57-71.

位的同时兼顾复杂的家庭生活，并使学习不受贫困的经济条件限制"①。

远程教育虽然为处境不利的土著学生提供在线学习机会，但实现在线学习的前提是这些土著学生可以使用计算机和软件。然而在一些偏远贫困地区，学生们无法熟练使用计算机甚至没有计算机，因此，他们不仅需要大学为他们开发在线课程，还需要社会和家庭为他们的学习活动提供支持。

### 四、大力发展社区参与

社区参与是土著参与高等教育的重要途径，要提高土著高等教育参与水平，则必须重视社区参与在土著高等教育参与中的作用，把发展社区参与作为工作的重点。

（一）社区参与在土著高等教育中的作用

1. 敦促大学为土著社区高等教育做出贡献

在澳大利亚，社区参与被纳入到土著教育政策环境中。社区参与作为大学为社区服务的形式，它不是孤立存在的，而是大学教学、科研活动的延伸。在许多澳大利亚大学的学术人员晋升过程中，社区参与被作为一种通用评估标准。例如，查尔斯达尔文大学（Charles Darwin University）的学术人员在晋升过程中将考察他们在以下社区参与的范畴内所做出的贡献：①是否对职业、行业合作伙伴或政府做出重要而有价值的贡献；②是否对社区，特别是偏远地区和土著社区做出重要和有价值的贡献；③是否对查尔斯达尔文大学的公平目标（即公平群体，如女性、土著、贫困人群等）做出重大贡献②。虽然目前还不清楚在实际操作中，以什么标准评估学术人员的社区参与程度，又由谁来对这些标准做出评估，但可以肯定的是，这一措施无疑敦促了大学为社区做出贡献。

---

① Craven R, Dillon A. Seeding success in indigenous Australian higher education: Indigenous Australian students' participation in higher education and potential ways forward [EB/OL]. https://www.emerald.com/insight/content/doi/10.1108/S1479-3644 (2013) 0000014001/full/html.

② Jack F, Steve L, James A S. Indigenous pathways, transitions and participation in higher education [M]. Springer Open, 2017: 37.

2. 使大学与土著社区互惠互利

大学在地区发展中扮演着十分重要的角色。通过促进大学与所在社区间的积极伙伴关系，实现当地的发展，需要以尊重并认同当地土著居民的技能、知识、文化和创造力为前提。要求大学以适合大学使命和学术优势的方式响应社区的需求，为所在地区提供教育服务、培养各类岗位所需人才。努力满足社区需求可以增强大学为社区服务的能力，这反过来有助于提高大学在所处地区的生存能力。在这一互惠互利的过程中，社区参与发挥了核心作用，包括加强社区对高等教育的参与、改善高校服务当地的能力、加强土著知识与高等教育的链接、推动土著知识的再生产，大学与社区互相促进、共同发展。

3. 提高土著高等教育的入学水平

社会、文化、经济、教育给澳大利亚带来的挑战已经影响到社会的公平与公正。土著群体是澳大利亚"公平群体"之一，在高等教育中是需要被照顾的一方。影响土著学生进入高等教育机构的因素是复杂的，可能是因为他们对高等教育带来的长远利益的渴望较低，接受高等教育的欲求不高；可能是因为经济水平难以支撑接受高等教育所需的费用；可能是因为个人对于在高等教育中获得个人发展的潜在需求较低。土著社区与大学建立联系，通过社区参与的方式加深土著对高等教育的了解，激起土著接受高等教育的欲求。同时，社区参与高等教育也是土著进入大学的途径之一，可利用社区参与有利于提高土著学生的入学率。

（二）如何促进土著的社区参与

首先，更加尊重、重视土著知识与文化。重视土著知识与文化是促进土著社区进一步参与高等教育的必要前提。以文化尊重、文化认同的方式构建社区参与的可能性，使曾经的参与对象成为参与的发起者。一些大学已经采取措施，将土著知识嵌入到高等教育课程中。昆士兰大学在实施社区参与计划时，最初，社区犹豫是否要与之合作，但在聘用了与社区有联系的并具备当地知识的土著工作人员后，社区参与变得容易得多，成功开启了社区与大学之间的对话。

其次，给予土著社区适当的财政资助。在澳大利亚，许多大学面临的重大挑战是能否拨出足够的资金来开展高质量的社区参与工作①。土著社区的大学同样面临着这一问题。整个社区持续地参与是土著社区参与得以奏效的重要因素，这意味着，与主流大学的社区参与环境相比，需要更多的资金支持。尤其是在偏远的土著社区，譬如聘请口译员、雇佣当地具备土著知识和文化的社区成员所付的薪酬等，额外的财政资助显得更加必要。如果想要通过土著社区参与达到土著高等教育效果改善的目的，给予土著社区适当的财政资助必不可少。

最后，发挥土著家庭、土著社区的作用。重视与土著家庭、土著社区的相处是那些在社区参与方面取得成功的大学所具备的共同特征②。有研究表明，大学与土著学生、土著学生的家庭以及他们所属的社区建立互相信任和尊重的关系，对于土著学生成功地参与高等教育是至关重要的③。社区成员把学校看作是学生父母和社区成员积极参与学生教育的地方，他们希望在社区的学校教育中拥有更大发言权。

此外，土著社区参与高等教育对于土著知识再生产、提高土著高等教育水平有积极作用。在社区参与的实践中，大学在发展互利的社区参与时，要注意加强大学与社区间的协商对话，如果在没有充分咨询的情况下发展社区参与，那么社区参与策略的实施可能会受阻。此外，如果社区参与能使得大学与社区双方受益，那么在社区参与的过程中要明确权利与责任的关系，同时要有监测与评价的环节，以便双方在参与过程中能及时地反映出问题或取得的成果。这也是在后续的研究中需要予以关注的。

---

① Jack F, Steve L, James A S. Indigenous Pathways, Transitions and Participation in Higher Education ［M］. Springer Open, 2017: 40.

② Kinnane S, Wilks J, Wilson K, Hughes T, Thomas S. "Can't be what you can't see": The transition of Aboriginal and Torres Strait Islander students into higher education: Final report 2014 ［M］. Sydney: Office for Learning and Teaching, 2014.

③ Behrendt L, Larkin S, Griew R, Kelley P. Review of higher education access and outcomes for Aboriginal and Torres Strait Islander people: Final report ［R］. Canberra: Department of Industry, Innovation, Science, Research and Tertiary Education, 2012.

# 第五章 澳大利亚土著高等教育参与的经验分析

## 第一节 对土著高等教育参与相关问题的回应

通过前文对土著高等教育参与的历史、实践的分析，我们对在研究之初提出的问题进行回答。

### 一、联邦政府促进土著的高等教育参与的原因

历史上土著的高等教育问题一直是被忽视的，20 世纪 70 年代，联邦政府突然转变态度对土著高等教育事业予以关注和支持，其原因也是复杂的。

从政治因素看，澳大利亚是一个移民国家，为了吸引移民，1972 年工党废除了白澳政策。1973 年，多元文化政策被确立，种族平等成为澳大利亚种族政策的走向。

从社会因素看，联邦政府促进土著的高等教育参与也是出于维护社会稳定的

需要。一方面，土著居民通过游行等方式争取平等权利；另一方面，由于土著居民人口受教育水平低，导致工资收入低、失业率高、犯罪率高，容易滋生社会问题，不利于社会的稳定。

从联邦政府的立场出发，政治因素和社会因素是促进土著高等教育参与的主要原因。

## 二、政府、社会和大学对土著高等教育参与的影响

澳大利亚的土著高等教育参与受到来自政府、社会、大学三方面的影响，要促进土著的高等教育参与，需要通过这三方的协作完成。

从政治因素看，联邦政府主要通过制定政策和提供财政拨款为土著高等教育参与提供保障。比如，制定"土著和托雷斯海峡岛民教育政策"，出台《人人享有公平机会》等文件，为实现教育公平和增加土著居民高等教育入学机会提供了政策和法律的支持。联邦政府为土著高等教育划拨专款，并实施"土著支持计划"，不仅为土著高等教育参与提供了经济保障，也为更多的土著居民提供了接受高等教育的条件。联邦政府的政治和经济措施同时是大学制定土著高等教育参与策略的导向。

从社会因素看，社会对土著高等教育参与的影响主要体现在文化和高等教育过程中。土著居民来自于土著社区和土著家庭，即便是在大学这样的西方文化教育环境中，自小深受土著文化影响所产生的文化认同和身份认同也难以改变。离开土著社区进入大学后，要成长为适应现代社会所需要的人才，他们必将更多地受到社会文化的影响，在文化的碰撞中，他们需要具备在跨文化的环境中完成学业的能力，还要为就业做好准备。而在高等教育的教育过程中，社会对土著高等教育产生了比较全面的影响。大学根据社会的需求，进行课程设计、制定培养目标、开展教学活动，并与社会机构建立伙伴关系，开展相关经济合作，为社会提供教育服务、培养各类岗位所需人才。

政府和社会对土著高等教育参与施加的影响，最终要通过大学落实。首先，大学通过制定多样化的土著高等教育入学方案提高土著居民的高等教育入学率，以此响应联邦政府提出的《人人享有公平机会》等政策。其次，大学通过文化能力建设和文化安全训练，向学生和教职员工普及土著文化，且将土著文化纳入课程框架，一方面为土著学生和教职员工提供了文化安全的学习和工作环境，另一方面提升了学生和教职员工的跨文化能力，有利于学生毕业后在跨文化环境中工作，也有益于教职员工为土著学生提供更好的服务和帮助。最后，大学积极与社区和社会组织合作，除投入人力和资源外，还与社区开展合作研究，包括在会议上发表论文、举办公开讲座、赞助国际访问等，以培养自己的土著人才。

除响应政府的要求与社会的需求外，大学在促进土著的高等教育参与方面也发挥了一定的主观能动性。土著支持单位的前身——土著飞地最初是在全国土著教育委员会（NAEC）的运作下在高等教育机构中成立的，但后来，越来越多的土著支持单位由大学主动成立，且功能越来越完善，由最初的以提高土著高等教育入学人数为主要工作内容，发展为向土著学生提供入学支持和学业、生活支持，向土著教职员工提供个人和职业发展指导，开发土著文化课程、实施文化能力建设、开展土著研究，以及与政府、社会组织建立联系等。除了依托土著支持单位提供尽可能完善的服务，大学还通过制定土著战略、开发在线课程、为学生从中等教育或职业教育向高等教育过渡提供支持等措施，进一步促进土著的高等教育参与。

### 三、澳大利亚大学土著高等教育参与的特点

（一）重视社区参与的作用

社会服务是现代大学的主要职能之一，它是大学根据社会需要和大学自身所处层次和特点，直接参与服务社会的活动，以人才培养、科学研究为前提和基础，以咨询服务、科技服务、公共服务、社区服务等服务为表现形式。高等教育

的社区参与是大学为社区服务的具体体现。将大学生纳入社区，更好地理解他们的问题和关注点，建立大学与各利益相关者间的研究合作伙伴关系，从而寻求社区问题的解决方案①。

对于澳大利亚的土著高等教育而言，社区参与可缓解其当前面临的两大困境：其一，土著人口激增，增加了对高等教育的需求；其二，土著高等教育面临着入学率低、辍学率高、毕业率低的问题。要解决这些问题，一方面，要增加土著学生接受高等教育的渠道；另一方面，要帮助已入学的土著学生完成学业。社区参与能在一定程度上缓解这些问题。首先，社区参与高等教育增加了土著学生参与高等教育的途径。大学与社区内的学习机构、职业训练机构、技术学院等机构合作，在这些机构中学习的土著学生通过双方的合作进入大学学习。其次，社区参与有助于社区与大学建立互利、互信的合作关系，土著学生、家长等利益相关者等通过社区参与的方式加深对高等教育的了解，提高土著学生接受高等教育的欲求。社区成员参与到高等教育过程中，对高等教育的教育过程进行监督，并与大学交换意见，针对土著学生的具体情况提出改进建议，有助于土著学生保质完成高等教育，减少辍学、肄业的现象。此外，大学自身的学术资源与优势，可以为土著学生提供更多的学习机会，以及更大的自我提升的空间。同时，社区参与促使大学的活动与社区的利益保持一致，并为社区融入全球知识经济提供机遇，通过良好的社区参与，借助于大学的人力资源为社区带来发展，这也是现代大学社会服务职能的深刻体现。

（二）设立土著支持单位负责土著高等教育参与事宜

土著支持单位起源于20世纪80年代的土著飞地，旨在实施特殊入学方案，以吸引土著学生，并在入学后为他们提供帮助。当时的飞地还处于教育机构的边缘地带。80年代后期，飞地进入大学，设置在学院内，被称为土著支持单位，

---

① Jacob J W, Stewart E S, John C. Weidman, John L Yeager. Community engagement in higher education [M]. Sense Publishers, 2015.

在土著支持单位的努力下，大学里的土著学生数量明显增加。进入21世纪后，对土著学生不平等待遇的持续关注促使土著支持单位的情况发生变化，部分大学的土著支持单位逐渐从学院脱离，成为具有一定独立性的机构，还有一部分大学的土著支持单位仍然设置在学院中。发展到这一阶段，土著支持单位对大学产生了更大的影响力。在政策方面，土著支持单位承担着实施土著战略、推进大学的土著高等教育议程的责任；在实践方面，土著单位除负责大学的土著学生招生、培养、辅导、辅助就业、发放奖学金等工作外，还承担文化能力建设、员工的土著文化培训、土著研究战略、与社区建立伙伴关系、获取政府资金支持等任务。在土著支持单位的帮助下，越来越多原本难以接受高等教育的土著学生得以通过特殊途径进入大学，得以在大学校园顺利完成学业，甚至得以获得不错的工作岗位。同时，一些土著支持单位通过积极开展文化能力建设、文化安全训练或采取其他措施，为土著教职员工和学生提供文化尊重和文化安全的校园环境。

土著支持单位为大学与土著学生、大学与社区建立联系提供了重要的平台。作为大学的一个重要组成部分，土著支持单位从土著观点出发，为大学提供管理、教学、学习、研究、劳动力建设、学生参与等领域的专业知识。把与土著相关的工作整合在土著支持单位之下，由专门的部门负责专业的事情，为学院、部门的相关工作提供专业的知识，协助大学科学高效地践行土著高等教育议程和土著战略。

（三）在高等教育参与中重视土著教职员工的参与

2011年，土著高等教育咨询委员会制定了《国家土著高等教育劳动力战略》（*National Indigenous Higher Education Workforce Strategy*），提出要增加高等教育机构的土著教职员工的人数。澳大利亚大学纷纷对这一战略作出响应，制定了相应的措施。除增加土著教职员工人数外，改善土著教职员工的就业和职业发展成为各大学的目标。例如：聘用土著员工担任大学的高级领导职务，提高土著教职员工在大学的董事会、委员会的参与程度，为土著教职员工提供参加职业发展培训的机会，要求全体教职员工参加文化安全训练以便为土著员工提供文化安全的工作环境，为土著员工提供晋职的机会，为土著毕业生提供留校工作的机会，以及设立只能由土著人就任的岗位，等等。

（四）体现了追求平等和文化多样性的价值取向

澳大利亚为促进土著学生的高等教育参与而采取的措施，体现了追求平等和保持文化多样性的价值取向。长期以来，土著居民没有平等地接受教育的机会，教育的不平等其实质是政治、经济的不平等，要实现教育公平，政治、经济改革是根本。从《人人享有平等机会》出台，到土著教育策略行动项目和土著教育直接援助这两个项目的实施，再到以缩小教育差距为目标的《国家土著改革协议》的颁布，无一不体现了国家实现土著民族教育公平的决心。促进土著高等教育参与的措施，以平等为根基，使土著人能够和非土著人一样，获得平等受教育机会，包括平等的入学机会、平等的教育过程和平等的教育结果。

作为一个移民国家，澳大利亚社会典型的特点是文化的多样性，土著文化是澳大利亚文化多样性的组成部分。在长时间的同化政策影响下，土著的传统文化和民族特性被淡化，在多元文化的政策实施下，土著文化得以被保留、被传承。然而文化的传递最终要靠教育实现，澳大利亚大学采取的土著高等教育参与措施，除了招收更多的土著学生进入大学，还将土著文化嵌入大学课程，体现了保持文化多样性的价值取向。

# 第二节　澳大利亚提高土著高等教育参与的经验

（一）向非民族师生传承民族文化和民族知识

在澳大利亚的教育领域有一种观点，即土著课程框架对当前土著高等教育参与朝"全校参与"这一趋势发展非常重要。经过大学的教学政策、规划和审查流程，将土著课程框架纳入大学课程，对于非土著学生而言，学习土著知识和土著文化，博采众长、宽广心胸，达到和而不同，既培养了学生文化平等、文化尊重、文化包容的多元文化观念，又表达了对土著历史、传统文化、知识、观点的理解和欣赏，更好地成长为适应多元文化社会发展所需要的人才；对于土著学生而言，通过对土著文化和知识的学习，更加深刻地了解自己民族的知识、文化和思想价值体系，从而能够坚定文化自信，更加坦然地吸收外来知识，如此既能涵养民族精神，又能促进个人未来发展。

故此在高等教育中要重视对土著传统文化的传承。澳大利亚大学所实施的社区参与策略，将土著知识、土著文化纳入其中，如沃鲁图卡学院在帮助中学生了解土著入学计划之前，先引导学生学习土著知识，进入大学之后，除了为土著学生提供文化支持，还为全校本科生、研究生提供土著研究课程。麦考瑞大学开发的文化安全训练项目，面向全校教职员工开放，教授土著历史、文化、传统、知识等。澳大利亚一些大学要求全体教职员工都要参加专门的课程以了解土著文化，从而提高为土著师生提供服务的质量，创建文化尊重的和谐校园。

（二）拓宽民族学生入学渠道，并在入学后提供后续支持

入学率低是澳大利亚土著高等教育存在的主要问题。为提高土著学生高等教育入学率，澳大利亚大学采取社区参与的做法，增加大学与社区内各类教育机构的合作，增加土著学生进入高等教育的途径，从而为土著学生提供更多的入学机会。

通过教育优惠政策进入大学的土著学生，可能在学业上存在困难，又或者在心理上会感到不自信，离开土著环境后也可能会导致生活上的不适应。因此，澳大利亚大学中的土著支持单位持续关注土著学生入学后的后续发展情况，在学生入学后，给予学生学习、生活、就业等各方面的辅导和支持。提高土著高等教育水平，大学要做的不仅是把土著学生招进来，更要帮助他们克服各种困难，顺利

完成学业，成为现代社会所需要的人才。

（三）教育要与土著学生的家庭、生活背景相联系

在澳大利亚，大部分土著学生家长受教育水平不高，对高等教育并不熟悉，在学生的学习过程中参与程度较低，在学生遇到学业上、校园生活上的困惑时难以提供有效帮助。土著高等教育参与不仅是土著学生的参与，家庭、社区也要参与其中，才能提高土著学生的参与质量，收到更好的教育结果。教育是一个对学生持续影响的过程，在这个过程中，家庭成员、社区成员全员参与其中，学生从中学阶段到完成大学教育的若干年中潜移默化地受到大学和社区在知识学习、职业选择、确立人生志向等方面带来的影响与帮助，培养出来的学生更加贴近社会需求。

（四）建立民族教育政策组织

从 20 世纪 70 年代起，澳大利亚先后成立了研究土著事务的机构。1974 年，完全由土著人组成的土著咨询小组（ACG）成立，这意味着土著居民的观点和意见成为制定土著教育议程的重要参考，土著教育走向何方要由土著居民自己决定。1977 年，全国土著教育委员会（NAEC）成立，其主要职能之一就是向教育部门传达土著居民的需要，促进土著教育政策的修正和完善，为推行、完善土著教育的相关方案提供意见。此后，各州、领地陆续成立了土著教育咨询小组，为州、领地的教育部门提供建议。1990 年成立的土著和托雷斯海峡岛民委员会（ATSIC）负责管理一系列旨在赋予土著人权利的项目、政策和服务，由澳大利亚政府提供经费来源。该委员会是土著事务的主要决策机构，是政府的首要土著事务顾问，也是在联邦、州、地区和地方等各级政府大力维护土著人利益的机构。这些机构、组织的成立，使土著人民有机会发出自己的声音，为联邦政府和各州、领地的教育政策和教育立法提供建议，促使教育政策的制定更符合土著人民的实际需求。

（五）开展文化能力建设

澳大利亚的大学十分重视培养学生和教职员工的文化能力，悉尼大学成立了

国家文化能力中心，负责为大学社区和高等教育机构提供文化能力方面的领导、培训、研究和支持，目的是提高学生、员工以及社区的文化能力。麦考瑞大学开展的 Manawari 文化安全训练，通过实施文化培训，帮助员工了解土著的文化、历史、信仰、实践、知识和哲学，从而尊重土著的文化，一方面为土著学生和教职员工建设一个文化平等、文化尊重的文化安全校园，另一方面可以使大学更好地为土著学生和教职员工、土著家庭、土著社区提供服务。对于学生而言，可以培养今后在跨文化背景下有效工作的能力；对于教职员工而言，可以改善他们和土著员工和学生的交流方式，建立更加亲密、和谐的关系。

# 第三节　小结

澳大利亚的土著高等教育只有大约 40 年的历史，虽然起步晚但是发展迅速。联邦政府结束了实行 100 多年的"白澳政策"，给土著居民一个平等发展教育的机会，从政策上、财政上予以支持，在一定程度上满足了土著居民对高等教育的渴求，缓和了民族矛盾，维护了国家政权的稳定。20 世纪 80 年代出现的土著飞地是向土著学生提供高等教育参与机会的先驱，如何促进土著的高等教育参与成为此后澳大利亚高等教育发展的主题之一。

缩小土著民族与非土著民族教育水平的差距是澳大利亚政府工作的重心所在。2008 年，《国家土著改革协议》［*National Indigenous Reform Agreement（Closing the Gap）*］制定了为土著民族缩小教育差距的政策的原则、目标和表现指标。为进一步缩小土著民族与非土著民族的教育差距，2010 年，澳大利亚联邦政府出台《土著与托雷斯海峡岛民教育行动计划（2010—2014）》（*Aboriginal and Torres Strait Islander Education Action Plan* 2010-2014），教育对于土著儿童和青年的重要性再一次被强调，该计划提出要通过提高土著读写算的水平来缩小土著与非土著之间的教育水平差距。2011 年，澳大利亚政府又出台了《土著经济发展战略（2011—2018）》（*Indigenous Economic Development Strategy* 2011-2018），提出要使土著与非土著享有同样的教育、创业、就业的机会，同时该战略强调每一个个体在缩小土著与非土著差距中扮演的重要角色。可以发现，澳大利亚政府为了改善土著居民所处的不利环境，缩小土著居民与非土著人民在高等教育上的差距做出了很多努力。

土著高等教育参与，不仅包括学生的参与，还包括教职员工的参与；不仅包括提高土著学生的高等教育入学率，还包括在入学后为土著学生提供的学业、生活、就业等各方面的支持；不仅包括开发土著课程、传递土著文化，还包括开展文化能力建设、文化安全训练等建设土著文化安全校园的活动；土著高等教育参与不仅发生在高等教育机构内，还发生在土著家庭、土著社区；不仅需要大学、土著社区的通力合作，需要联邦政府的政策支持和财政支持，还需要政府部门、企业、社会组织等机构为参与提供协助、提供保障。

在促进土著高等教育参与的工作中，澳大利亚大学不单单重视土著学生的参与水平，还对土著教职员工在高等教育中的参与情况给予了关注。1980 年，全澳大利亚只有 72 名土著教师，为了改善土著学生在高等教育中入学率低、毕业率低的现象，在 NAEC 的建议下，澳大利亚国家教师教育调查委员会确立了在 1990 年之前培养出 1000 名土著教师的目标，这一行动也是对国家土著政策议程的响应。正因如此，澳大利亚的高等教育系统中出现了土著飞地，揭开了土著高等教育发展的序幕。后来成立的土著支持单位，通过劳动力培养、领导力培养等措施，为土著教职员工实现个人发展提供了机会和支持。土著支持单位还试图通过文化能力建设为土著教职员工提供一个文化安全的工作环境。

在兴建民族大学方面，虽然有巴切勒学院（Batchelor Institute）这样专门的土著高等教育机构，且可以像大学一样在没有外部参与的情况下颁发自己的学位和其他高等教育资格证书，也可以像大学一样获得资助，但终究只是一个第三级教育机构，并不是一所属于土著居民的大学，它的主要任务是"在国内外的社会政治经济秩序中保存、维持和更新土著文化"①。目前澳大利亚土著居民主要在综合性大学、职业教育学院中接受高等教育，尽管高等教育机构内的土著支持单位为土著居民进入大学提供了全面的帮助和支持，然而土著大学的缺失，始终令土著高等教育缺乏精神内核。因为土著大学所承担的意义，不仅是土著学生有了更多接受高等教育的机会，还意味着在教育这个问题上，土著居民从高等教育的边缘地带走向核心，与澳大利亚的其他公民一样站在了平等的位置。

　　土著高等教育参与，对参与进行衡量的标准是什么，目前还没有形成一套评估标准。参与的频率、参与的程度又如何，澳大利亚大学的一些相关资料也没有对此作出公示。当前的土著高等教育参与正在向"全校参与"的模式发展，尽管什么是"全校参与"、"全校参与"究竟是什么模式，只能通过一些大学的实践大概概括出来，但可以预见的是，"全校参与"将成为今后一段时间内土著高等教育参与的趋势。待到"全校参与"模式成熟，这些问题也许可以在今后的研究中得到进一步的补充和完善。

---

① About Batchelor Institute［EB/OL］.［2020-07-17］. https：//www.batchelor.edu.au/.

# 参考文献

一、中文文献

（一）中文专著

［1］陈永龄 . 民族词典［M］. 上海：上海辞书出版社，1987.

［2］马和民，高旭平 . 教育社会学研究［M］. 上海：上海教育出版社，1998.

［3］裴娣娜 . 教育研究方法导论［M］. 合肥：安徽教育出版社，1999.

［4］吴文侃，杨汉清 . 比较教育学（修订版）［M］. 北京：人民教育出版社，1999.

［5］郑金洲 . 多元文化教育［M］. 天津：天津教育出版社，2004.

［6］石发林 . 澳大利亚土著人研究［M］. 成都：四川大学出版社，2010.

［7］Anne Bartlett. 澳大利亚的土著人［M］. 陈静，译 . 北京：中国水利水电出版社，2005.

［8］黄源深，陈弘 . 当代澳大利亚社会［M］. 上海：华东师范大学出版社，1991.

［9］张显平 . 澳大利亚社会与文化［M］. 武汉：武汉大学出版社，2007.

［10］郑寅达，费佩君．澳大利亚史［M］．上海：华东师范大学出版社，1991.

［11］李常磊．澳大利亚文化博览［M］．上海：上海世界图书出版公司，2004.

［12］吴祯福．澳大利亚历史1788—1942［M］．北京：北京出版社，1992.

［13］杨洪贵．澳大利亚多元文化主义研究［M］．成都：西南交通大学出版社，2007.

［14］中国社会科学院民族研究所世界民族研究室．外国民族问题与民族政策［M］．北京：时事出版社，1988.

［15］汪诗明．澳大利亚土著问题研究以种族和解为线索［M］．北京：社会科学文献出版社，2019.

［16］杨洪贵．澳大利亚混血土著问题研究［M］．北京：中央编译出版社，2018.

［17］阮西湖．澳大利亚民族志［M］．西宁：青海人民出版社，1987.

［18］骆介子．澳大利亚建国史［M］．北京：商务印书馆，1991.

［19］张天．澳洲史［M］．北京：社会科学文献出版社，1996.

［20］刘丽君，邓子钦，张立中．澳大利亚文化史稿［M］．汕头：汕头大学出版社，1998.

［21］郑寅达，费佩君．澳大利亚史［M］．上海：华东师范大学出版社，1991.

［22］关凯．族群政治［M］．北京：中央民族大学出版社，2007.

［23］吴明海．中外民族教育政策史纲［M］．北京：中央民族大学出版社，2006.

［24］［英］C. W. 沃特森．多元文化主义［M］．叶兴艺，译．长春：吉林人民出版社，2005.

［25］陈祥勤．当代国外社会思潮［M］．上海：学林出版社，2018.

（二）中文论文

［1］廖敏文．《联合国土著民族权利宣言》研究［D］．中央民族大学博士

学位论文，2009.

　　［2］焦兵．族群冲突理论：一种批判性考察［J］．青海社会科学，2013（3）：41-46.

　　［3］褚宏启．关于教育公平的几个基本理论问题［J］．中国教育学刊，2006（12）：1-4.

　　［4］姜德顺．略辨"土著"与"原住民"［J］．世界民族，2012（6）：7-12.

　　［5］陈克进．澳大利亚的级别婚试析［C］．民族学研究，1984：86-94.

　　［6］汪诗明．论《土著土地权（北领地区）法》的颁布［J］．史学集刊，2018（6）：98-108.

　　［7］马飞．图腾崇拜在澳大利亚土著社会的功能研究［D］．上海外国语大学硕士学位论文，2007.

　　［8］王艳芬．澳大利亚宗教的特征［J］．苏州铁道师范学院学报（社会科学版），2001（3）：77-82.

　　［9］杨洪贵．论澳大利亚土著人的同化政策［J］．世界民族，2003（6）：22-29.

　　［10］汪诗明，王艳芬．世界主义与澳大利亚的种族和解［J］．杭州师范大学学报（社会科学版），2015（6）：32-40.

　　［11］陈立鹏，张靖慧．澳大利亚民族教育立法研究及启示［J］．民族教育研究，2011（3）：31-38.

　　［12］刘丽莉．澳大利亚土著民族教育新政策研究［D］．西北师范大学硕士学位论文，2010.

　　［13］苏立维．澳大利亚政府对土著居民的教育政策及对我区少数民族教育政策的启示［D］．内蒙古农业大学硕士学位论文，2011.

　　［14］刘丹．认同视角下的澳大利亚民族教育政策变迁研究［D］．西北师范大学硕士学位论文，2014.

［15］杜青芬，徐冰．多元文化背景下的澳大利亚土著民族教育政策及启示研究［J］．高教学刊，2016（12）：21+23.

［16］陈立鹏，张靖慧．澳大利亚土著民族双语教学政策：内容、特点及启示［J］．民族教育研究，2015（4）：124-128.

［17］姜峰，刘丽莉．澳大利亚促进民族地区教育均衡发展政策研究——《土著民族教育（目标援助）法案》述评［J］．民族教育研究，2009（5）：110-113.

［18］张凤瑛，盛明明．澳大利亚《土著居民和托雷斯岛民教育行动计划2010—2014》研究及其启示［J］．成都师范学院学报，2016（9）：28-32.

［19］刘丽莉．澳大利亚土著民族高等教育战略计划概述［J］．世界教育信息，2010（7）：40-43+60.

［20］杜海燕，宫敬才．试论澳大利亚土著民族大学的缺失［J］．黑龙江高教研究，2010（2）：69-72.

［21］王兆璟，陈婷婷．澳大利亚土著人教育优惠政策：进程、动因及价值取向［J］．当代教育与文化，2010（6）：25-30.

［22］旷群．澳大利亚少数民族教育政策及对中国的启示研究［J］．中国电力教育，2013（7）：11-12.

［23］刘额尔敦吐．澳大利亚高校招生民族倾斜政策及其启示［J］．国家教育行政学院学报，2009（6）：91-95.

［24］王建梁，梅丽芳．澳大利亚发展土著人职业教育的主要措施及其成效初探［J］．民族高等教育研究，2013（5）：12-17+93.

［25］王建梁，梅丽芳．澳大利亚《土著人职业教育与培训战略规划（2000—2005）》研究［J］．民族教育研究，2014（4）：84-90.

［26］黄非非．澳大利亚《国家土著高等教育人力资源战略》探析［J］．中国民族教育，2014（Z1）：75-77.

［27］唐锡海，袁倩．澳大利亚土著民族职业教育发展探析［J］．职业技术

教育, 2018 (31): 73-79.

[28] 宝媛媛. 20 世纪 90 年代以来美国原住民多元文化教育政策研究 [D]. 东北师范大学硕士学位论文, 2018.

[29] 孙晓彤. 后平权时代美国原住民教育政策研究 [D]. 西北师范大学硕士学位论文, 2015.

[30] 邱雯婕. 高等教育阶段少数民族学生资助问题的研究与启示——基于美、加、澳、新的比较研究 [J]. 纺织服装教育, 2018 (4): 335-340.

[31] 黄海刚. 加拿大土著参与高等教育的机遇与挑战 [J]. 大学教育科学, 2008 (12): 86-90.

[32] 李欣. 扶起倾斜的天平: 加拿大发展土著民族高等教育的政策研究 [J]. 民族高等教育研究, 2013 (1): 21-25.

[33] 李欣. 从 "普及中的失衡" 到 "均衡中的普及" ——加拿大促进高等教育均衡发展的政策研究 [J]. 复旦教育论坛, 2013 (1): 75-79.

[34] 蔡培瑜. 澳大利亚土著民族招生考试政策及其实践 [J]. 教育与考试, 2016 (5): 15-20.

[35] 许伊娜, 陈·巴特尔. 社区参与: 澳大利亚土著民族参与高等教育的新途径 [J]. 青岛科技大学学报 (社会科学版), 2018 (3): 106-111.

[36] 许丽英, 郑燕婷. 新中国 70 年民族高等教育发展: 成就、问题与展望 [J]. 民族教育研究, 2020 (2): 119-128.

[37] 吴金光, 张志刚. 澳大利亚的多元文化主义 [J]. 今日民族, 2013 (4): 50-53.

[38] 王凯. 多元文化主义语境下的当代美国华裔文学 [D]. 中央民族大学博士学位论文, 2015.

(三) 其他文献

[1] 联合国大会. 联合国土著人民权利宣言 [EB/OL]. https://baike.

baidu. com/item/联合国土著人民权利宣言/22284451？fr＝aladdin.

［2］飞地［EB/OL］. 百度百科，https：//baike. baidu. com/item/飞地/1477144#1.

［3］教育部，国家民委. 教育部、国家民委关于加强领导和进一步办好高等院校少数民族班的意见［EB/OL］. https：//www. neac. gov. cn/seac/xxgk/200406/1075695. shtml.

［4］中华人民共和国教育部. 国家中长期教育改革和发展规划纲要（2010—2020 年）［EB/OL］. http：//www. moe. gov. cn/jyb_xwfb/s6052/moe_838/201008/t20100802_93704. html.

## 二、英文文献

### （一）英文专著

［1］Adolphus P E. The Australian aborigines［M］. N. Y.：Doubleday & Company，1964.

［2］Andrew H, Matthew B. Student equity in Australian higher education：Twenty-five years of a fair chance for all［M］. Singapore：Springer，2016.

［3］Armitage A. Comparing the policy of aboriginal assimilation：Australia, Canada, and New Zealand［M］. Vancouver：UBC Press，1995.

［4］Beresford Q, Partington G, Gower G. Reform and resistance in aboriginal education［M］. Crawley：UWA Publishing，2012.

［5］Bourke C, Bourke E, Edwards B. Aboriginal Australia［M］. Qld.：University of Queensland Press，1994.

［6］Coppell W. Education and the aboriginal child［M］. Sydney：Macquarie University，1974.

［7］Harvey A. Student equity in Australian higher education：Twenty-Five years of a fair chance for all [M]. Singapore: Springer, 2016.

[8] Hollinsworth D. Race and racism in Australia [M]. New South Wales: Social Science Press, 1998.

[9] Jack F, Steve L, James A Smith. Indigenous pathways, transitions and participation in higher education [M]. Singapore: Springer Open, 2017.

[10] Jesse R, Ronald C. Aboriginal tent embassy [M]. Edinburgh: Lennex Corp Press, 2014.

[11] Kinnane S, Wilks J, Wilson K, Hughes T, Thomas S. "Can't be what you can't see": The transition of Aboriginal and Torres Strait Islander students into higher education: Final report 2014 [R]. Sydney: Office for Learning and Teaching, 2014.

[12] McConnochie K R. Aboriginal education: Issues and innovations [M]. Perth: Creative Research, 1982.

[13] Parbury N. Aboriginal Education—A History [A] //R. Craven (eds.) Teaching Aboriginal Studies [M]. Sydney: Allen & Unwin, 1999.

[14] Partington G. In those days it was rough, Aboriginal and Torres Strait Islander history and education [A] //G. Partington (eds.). Perspectives on Aboriginal and Torres Strait Islander education [M]. Katoomba: Social Science Press, 1998.

[15] Quentin B, Gary P, Graeme G. Reform and resistance in aboriginal education: The Australian experience [M]. Crawley: UWA Publishing, 2012.

[16] Random House. Random house webster's college dictionary [M]. New York: Random House Reference, 1999.

[17] Richard B. Aboriginal Australians: Black response to white dominance 1788-1980 [M]. Sydney: George Alen & Unwin, 1982.

[18] Sykes R B. Incentive, achievement and community: An analysis of Black viewpoints on issues relating to black Australian education [M]. Sydney: Sydney

University Press, 1986.

[19] W James J, Stewart E Sutin, John C Weidman, John L Yeager. Community engagement in higher education [M]. Rotterdam/ Boston / Taipei: Sense Publishers, 2015.

[20] Watson L, Hagel P, Chesters J. A half-open door: Pathways for VET award holders into Australian universities [M]. NCVER, Adelaide, 2013.

[21] Wilson R. Bringing them home: Report of the separation of aboriginal and Torres Strait Islander children from their families [M]. Sydney: Human Rights and Equal Opportunity Commission, 1997.

(二) 英文论文

[1] Abbott-Chapman J. Making the most of the mosaic: Facilitating post-school transitions to higher education of disadvantaged students [J]. The Australian Educational Researcher, 2011, 38 (1): 57-71.

[2] Aseron J, Wilde. Indigenous student participation in higher education: Emergent themes and linkages [J]. Contemporary Issues in Education Research, 2013 (4): 417-424.

[3] Barnhardt R. Higher education in the Fourth World: Aboriginal people take control [J]. Canadian Journal of Native Education, 1991, 18 (2): 199-231.

[4] Bernardo M A C, Butcher J, Howard P. An international comparison of community engagement in higher education [J]. International Journal of Educational Development, 2012, 32 (1): 188-189.

[5] Bin-Sallik M. Cultural Safety: Let's name it! [J]. Australian Journal of Indigenous Education, 2003 (32): 21-28.

[6] Bryan McKinley Jones Brayboy, Jessica A. Solyom & Angelina E. Castagno [J]. Journal of American Indian Education, 2015 (1): 54-186.

［7］ Caty M, Chris M. Numeracy, mathematics and Indigenous learners: Not the same old thing ［C］. Research Conference, 2011: 37-41.

［8］ Coombs H C. Human values in education: The educational status of Aboriginal Australians ［J］. Australian Journal of Education, 1970, 14 (3): 241-252.

［9］ Elizabeth S H, Shawn A. Indigenous teachers and learners: Higher education and social justice ［J］. Anthropology & Education Quarterly, 2018 (2): 201-209.

［10］ Goerke V, Kickett M. Working towards the assurance of graduate attributes for indigenous cultural competency: The case for alignment between policy, professional development and curriculum processes ［J］. International Education Journal: Comparative Perspectives, 2013, 12 (1): 63.

［11］ Hansen C. From teacher to teacher: The development of Aboriginal education ［J］. Aboriginal Child at School, 1989, 17 (1): 41-52.

［12］ Heavy R I, DeCellas R. Family educational model: Meeting the student retention challenge ［J］. Journal of American Indian Education, 2002, 41 (2): 29-37.

［13］ Hoelscher M, Hayward G, Ertl H. The transition from vocational education and training to higher education: A successful pathway? ［J］. Research Papers in Education, 2008, 23 (2): 139-151.

［14］ James A S, Kim R, Shane M, et al. A historical overview of responses to indigenous higher education policy in the NT ［J］. Australia Universities' Review, 2018 (2): 38-48.

［15］ James A S, Sue T, Steven L. Participation in higher education in Australia among underrepresented groups: What can we learn from the Higher Education Participation Program to better support indigenous learners? ［J］. Learning Communities/Special Issue: Indigenous Pathways and Transitions into Higher Education, 2015 (10): 12-29.

[16] Jennifer G, Sally P, Leanne F. The participation of Australian Indigenous students in higher education: A scoping review of empirical research, 2000 – 2016 [J]. Australian Educational Researcher, 2017 (44): 323-355.

[17] Johnnie A, Simon W, Adrian M, et al. Indigenous student participation in higher education: Emergent themes and linkages [J]. Contemporary Issues in Education Research, 2013 (4): 417-424.

[18] Juan de Dios O, Cristina P F, Tristan M C. Indigenous higher education in Mexico and Brazil: Between redistribution and recognition [J]. A Journal of Comparative and International Education, 2017 (6): 852-871.

[19] Judith W, Katie W. A profile of the Aboriginal and Torres Strait Islander higher education student population [J]. Australia Universities' Review, 2015 (2): 17-30.

[20] Lawrence P, Leanne H. Searching for the songlines of aboriginal education and culture within Australian higher education [J]. Australian Educational Researcher, 2018 (45): 343-361.

[21] Malia M V. 500 Maori PhDs in five years: Insights from a successful indigenous higher education initiative [D]. Harvard University, 2010.

[22] Merriam S B, Johnson-Bailey J, Lee M Y, Kee Y, Ntseane G, Muhamad M. Power and positionality: Negotiating insider/outsider status within and across cultures [J]. International Journal of Lifelong Education, 2001, 20 (5): 405-416.

[23] Mona E. Knowledge, discourse and indigenous pedagogy in higher education:A case study of the Bachelor of Aboriginal and Torres Strait Islander Program at the Northern Territory University [D]. Charles Darwin University, 2004.

[24] Pechenkina E, Kowal E, Paradies Y. Indigenous Australian students' participation rates in higher education: Exploring the role of universities [J]. The Aus-

tralian Journal of Indigenous Education, 2011 (40): 59-68.

[25] Reynolds R J. The search for relevance and identity: The education and socialization of Australian aboriginal students [J] . International Education, 2002, 31 (2): 21.

[26] Roger G G, Patricia C. The development of indigenous higher education: A comparative historical analysis between Australia, Canada, New Zealand, and the U. S. , 1880-2005 [J] . Journal of American Indian Education, 2010 (3): 3-23.

[27] Stephanie A, Sarah B. An investigation into the attendance and retention of Aboriginal and Torres Strait Islander students: Research and theory about what works [J] . Biochemical & Biophysical Research Communications, 2011 (9): 62-65.

[28] Sue A. Aboriginal Task Force: Australia's first national program dedicated to transitioning Aboriginal and Torres Strait Islander people into university education [J] . Australian Aboriginal Studies, 2015 (2): 24-32.

[29] Toni S, Rebecca O, John G. Indigenous higher education: Overcoming barriers to participation in research higher degree programs [J] . Australian Aboriginal Studies, 2013 (2): 13-29.

[30] Gagnon V P. Ethnic nationalism international conflict: The case of serbia [J] . International Security, 1994, 95 (3): 130-166.

[31] Van G B. Growing Our Own: A "two way" place-based approach to indigenous initial teacher education in remote Northern Territory [J] . Australian and International Journal of Rural Education, 2017 (27): 14-28.

（三）其他文献

[1] Aboriginal Consultative Group. Education for Aborigines: Report to the Schools Commission [R] . Canberra: Schools Commission, 1975.

[2] About Batchelor Institute [EB/OL] . https: //www. batchelor. edu. au/.

[3] Albert S. National Aboriginal Education Committee. Paper presented at the Preparing Teachers for Aboriginal Education National Conference [C]. Perth: Mount Lawley College, 1977.

[4] Australasia Office of Parliamentary Counsel. Indigenous Education (Supplementary Assistance) Act 1989 [EB/OL]. http: //www. comlaw. gov. au/Details/ C2004 A03932.

[5] Australian Bureau of Statistics. Estimates of Aboriginal and Torres Strait Islander Australians [R]. Canberra: Australian Bureau of Statistics, 2011.

[6] Australian Institute of Health and Welfare. Australia's welfare 2013: In brief [R]. Canberra Australian Institute of Health and Welfare, 2013.

[7] Batchelor College. 1992 Annual Report [R]. Batchelor: Batchelor College, 1993.

[8] Batchelor College. 1996 Annual Report [R]. Batchelor: Batchelor College, 1997.

[9] Batchelor Institute of Indigenous Tertiary Education. Batchelor Institute of Indigenous Tertiary Education Annual Report 2004 [R]. Batchelor: Batchelor Institute of Indigenous Tertiary Education, 2005.

[10] Batchelor Institute of Indigenous Tertiary Education. Batchelor Institute and Telstra tackle education barriers in remote communities [EB/OL]. http: //www. batchelor. edu. au/portfolio/batchelor-institute-and-telstra-tackle-education-barriers-in-remote-communities/.

[11] Batchelor Institute of Indigenous Tertiary Education. Batchelor Institute of Indigenous Tertiary Education Annual Report 2001 [R]. Batchelor: Batchelor Institute of Indigenous Tertiary Education, 2002.

[12] Baumgart N, Halse C, Philip H, Aston J, Power A. Meeting the Needs of

Indigenous Communities: Evaluation of Batchelor College [R]. Canberra: Australian Government Publishing Service, 1995.

[13] Behrendt L. Review of Higher Education Access and Outcomes for Aboriginal and Torres Strait Islander People [R]. Canberra, 2012.

[14] Bin-Sallik M A. Aboriginal Tertiary Education in Australia: How well is it serving the needs of Aborigines? [R]. Adelaide: South Australian College of Advanced Education, 1989.

[15] Bourke C J, Burden J K Moore S. Factors Affecting Performance of Aboriginal and Torres Strait Islander Students at Australian Universities: A Case Study [R]. Canberra: Department of Education, Training and Youth Affairs, 1996.

[16] Bradley D, Noonan P, Nugent H. Review of Australian Higher Education Final Report [EB/OL]. http://www.deewr.gov.au/HigherEducation/Review/Documents/PDF/Higher%20Education%20Review_ one%20document_ 02.

[17] Buckskin P, Tranthim-Fryer M, Holt L, et al. NATSIHEC Accelerating Indigenous Higher Education Consultation Paper [R]. National Aboriginal and Torres Strait Islander Higher Education Consortium, Australia, 2018.

[18] Cadzow A. A NSW Aboriginal Education Timeline 1788-2007 [R]. Sydney: Board of Studies NSW, 2007.

[19] Calixto J. It's thought to be the beginning of the stolen generation-the Parramatta Native Institution, a school for Aboriginal children, opened 200 years ago as a social experiment [R]. Australia: SBS Television, 2015.

[20] Craven R, Dillon A. Seeding success in indigenous Australian higher education: Indigenous Australian students' participation in higher education and potential ways forward [EB/OL]. https://www.emerald.com/insight/content/doi/10. 1108/S1479-3644 (2013) 000 0014001/full/html.

[21] Dawkins J S. Higher education: A policy statement ("White paper") [R]. Canberra: Australian Government Publishing Service, 1988.

[22] Department of Education, Employment and Training. A fair chance for all: National and institutional planning for equity in higher education [R]. Canberra: Australian Government Publishing Service, 1990.

[23] Department of Employment, Education and Training. Aboriginal Education Task Force asked to report urgently [R]. Aboriginal Employment and Education News, 1988.

[24] Department of Industry, Innovation, Science, Research and Tertiary Education. Undergraduate Applications, Offers and Acceptances 2012 [R]. Canberra: Commonwealth of Australia, 2012.

[25] Estimates of Aboriginal and Torres Strait Islander Australians. Australian Bureau of Statistics [EB/OL]. https://www.abs.gov.au/ausstats/abs@.nsf/mf/3238.0.55.001, 2019-12-03.

[26] Hughes P. Report of the Aboriginal Education Policy Task Force [R]. Canberra: Department of Education, 1988.

[27] Hughes P, Willmot E. Report to the NAEC: The education and employment of Aboriginal and Torres Strait Islander teachers [R]. Canberra: National Aboriginal Education Committee, 1979.

[28] Indigenous Peoples Conference on Education. Coolangatta Statement on Indigenous Peoples' Rights in Education [R]. Hilo, Hawaii, 1999.

[29] James R, Anderson A, Bexley E, et al. Participation and equity: A review of the participation in higher education of people from low socioeconomic backgrounds and indigenous people [R]. Report Prepared for Universities Australia: Centre for the Study of Higher Education University of Melbourne, 2008.

［30］Jordan D F, Howard S M. Support systems for aboriginal students in higher education institutions ［R］. Adelaide: Tertiary Education Authority of South Australia,1985.

［31］Macquarie University, Engage with Walanga Muru ［EB/OL］. https://www. mq. edu. au/about/about-the-university/our-commitment-to-aboriginal-and-torres-strait-islander-peoples/engage-with-walanga-muru.

［32］Macquarie University. Aboriginal and Torres Strait Islander Workforce Plan 2018-2021 ［EB/OL］. https://www. mq. edu. au/about/about-the-university/our-commitment-to-aboriginal-and-torres-strait-islander-peoples/aboriginal-and-torres-strait-islander-workforce.

［33］Macquarie University. Implementation plan 2017 - 2019 ［EB/OL］. https://www. mq. edu. au/data/assets/pdf_ file/0020/560603/Indigenous-Strategy-Implementation-Plan_ pdf. pdf.

［34］Macquarie University. Indigenous Strategy: The way forward for Macquarie University-GREEN PAPER 2015-2024 ［EB/OL］. https://www. mq. edu. au /data/assets/pdf_file/0003/127515/Green - Paper - Indigenous - Strategy _ readersspread. pdf.

［35］Macquarie University. Macquarie University Indigenous Strategy 2016-2025 ［EB/OL］. https://www. mq. edu. au/_ data/assets/pdf _ file/0010/520849/Indigenous-Stra- tegy_Reprint_V01-2. pdf.

［36］Macquarie University. Reconciliation Statement ［EB/OL］. https://www. mq. edu. au/data/assets/pdf_file/0012/993828/MQ-Reconciliation Statement. pdf.

［37］National Aboriginal Education Committee. Philosophy, aims and policy guidelines for Aboriginal and Torres Strait Islander education ［R］. Canberra: Australian Government Publishing Service, 1985.

［38］National Aboriginal Education Committee. Policy statement on teacher education for Aborigines and Torres Strait Islanders [J]. Canberra: Australian Government Publishing Service, 1986.

[39] NSW Aboriginal Education Consultative Group incorporated & NSW Department of Education and Training. The report of the review of aboriginal education [R]. Darlinghurst: NSW Department of Education and Training, 2004.

[40] Ohlsson T. One people, one voice: Stephen Albert and the National Aboriginal Education Committee [J]. Australian Institute at Aboriginal Studies Newsletter, 1977 (16): 10-15.

[41] Parent A. Bending the box: Learning from indigenous students transitioning from high school to university [D]. University of British Columbia, Vancouver, Canada, 2014.

[42] Pechenkina E, Anderson I. Background paper on indigenous Australian Higher Education: Trends, initiatives and policy implications [R]. Canberra: Department of Education Employment and Workplace Relations, 2011.

[43] Tertiary Education Quality and Standards Agency, what we do [EB/OL]. https://www. teqsa. gov. au/what-we-do.

[44] The University of Sydney. 2020 Unfinished Business Action Plan [EB/OL]. https://www. sydney. edu. au/content/dam/corporate/documents/about - us/values - and-visions/unfinished-business-strategy. pdf.

[45] The University of Sydney. Aboriginal and Torres Strait Islander Workforce Strategic Framework 2019-2021 [EB/OL]. https://www. sydney. edu. au/content/dam/ corporate/documents/about - us/careersatsydney/Aboriginal%20and%20Torres%20Strait%20Islander%20Workforce%20Strategic%20Framework%202019-2021. pdf.

[46] The University of Sydney. New portal opens gateway to ancient Western Australian culture [EB/OL]. https://www. sydney. edu. au/news-opinion/news/2019/

07/05/ new-portal-brings-ancient-western-australian-culture-to-the-worl. html.

［47］The University of Sydney. Ngarangun: "we learn, think and listen together" ［EB/OL］. https: //www. sydney. edu. au/content/dam/corporate/documents/researc h/ngarangun- indigenous-research-strategy. pdf.

［48］The University of Sydney. What is cultural competence? ［EB/OL］. https: //www. sydney. edu. au/nccc/about-us/what-is-cultural-competence. html.

［49］The University of Sydney. The University of Sydney Aboriginal and Torres Strait Islander Workforce Strategic Framework 2019 - 2021 ［EB/OL］. https: //www. sydney. edu. au/content/dam/corporate/documents/about - us/careers - at - sydney/Aboriginal%20and%20Torres%20Strait%20Islander%20Workforce%20Strategic%20Framework%202019-2021. pdf.

［50］The Wollotuka Institute, Cultural Standards ［R］. Wollotuka Institute, University of Newcastle, 2013.

［51］Universities Australia. National best practice framework for indigenous cultural competency in Australian Universities ［R］. Canberra, 2011.

［52］Wingara Mura-Bunga Barra Bugu. The University of Sydney Aboriginal and Torres Strait Islander Integrated Strategy ［EB/OL］. https: //www. sydney. edu. au/content/ dam/corporate/documents/about-us/values-and-visions/wingara-mura-bunga-barrabugu. pdf.

［53］Wingara Mura-Bunga Barrabugu. The University of Sydney Aboriginal and Torres Strait Islander Integrated Strategy ［R］. Sydney: The University of Sydney, 2012.

# 后　记

　　澳大利亚土著居民的高等教育发展是一个鲜少被关注到的主题，本书的研究从一定程度上填补了国内关于土著高等教育研究的空白，但围绕土著高等教育参与开展的研究并未结束。本书探讨了土著少数民族高等教育参与的政策、实践、社会价值，以及高等教育发展规律，推动学术界加深了对土著高等教育问题的认识，丰富了相关领域的研究成果，同样也是我们进行社会科学研究的价值追求。

　　本书的出版得到了云南师范大学教育学部的大力支持，在此深表感谢！

　　本书若有不足、疏漏或者错误之处，恳请广大读者和同行批评指正。